U0052703

總體經濟學

楊雅惠博士　編著

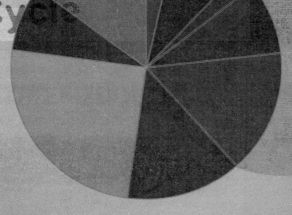

三民書局

國家圖書館出版品預行編目資料

總體經濟學 / 楊雅惠編著.－－初版二刷.－－臺北
市：三民，2009
　　面；　公分
ISBN 978－957－14－4138－2　（平裝）

　1.總體經濟

550　　　　　　　　　　　　　　　93017050

© 　總 體 經 濟 學

編著者　楊雅惠
發行人　劉振強
著作財
產權人　三民書局股份有限公司
　　　　臺北市復興北路386號
發行所　三民書局股份有限公司
　　　　地址／臺北市復興北路386號
　　　　電話／(02)25006600
　　　　郵撥／0009998-5
印刷所　三民書局股份有限公司
門市部　復北店／臺北市復興北路386號
　　　　重南店／臺北市重慶南路一段61號
初版一刷　2005年9月
初版二刷　2009年1月
編　號　S 552140
行政院新聞局登記證局版臺業字第○二○○號

有著作權　不准侵害

ISBN　978-957-14-4138-2　（平裝）
http://www.sanmin.com.tw　三民網路書店

自　序

　　所謂「運籌帷幄之中，決勝千里之外」，古人常被引喻者有楚漢相爭時的張良輔佐漢高祖以打定天下，有三國時的諸葛亮輔佐劉備爭取霸權。這些能人策士，對於千里外的局勢，其有掌握重點與架構推導局勢演變，擬定策略佈局的功力。

　　倘若對於國內外繁複的經濟脈動，有運籌決勝的能力，不亦快哉？研究經濟現象越久，越感覺抽絲剝繭、化繁為簡，確有其價值與必要性。在觀測日日演變的總體經濟動態時，如何利用基本架構，來剖析經濟脈動，研判經濟本質，乃是一大課題，需要有適切的理論架構作為分析工具。

　　這樣的理論架構，不應太過複雜，複雜會失去實用性；不應太過偏頗，偏頗會失去通用性；不應太過零碎，零碎則失去系統性；不應只是暫時性，暫時性則失去考驗性。

　　著手寫這本總體經濟學，定稿前修改了無數次。一方面整理自己以往所修習的總體經濟學，另方面研究最近的理論發展，並試圖配合理論引入經濟實務話題，以掌握全書架構。為結合理論與實務，每一章最後均加上「經濟實務話題」，以實際資料與時論話題，呼應該章主題，並可作為師生交流討論之話題。進行這本書籍之編著工作，比當初自己所想像的艱困。總體經濟學的範圍相當廣泛，固然坊間相關書籍已經不少，但要重新下筆彙整，仍非撚來易事。

　　寫完這本總體經濟學，對自己多年所探討的經濟問題與理論，作了一番全盤回顧。同時回顧自己在學術研究之途徑，學海無涯，人生有涯，以有涯追無涯，此路浩瀚，卻也是人生無法捨棄的追尋。

　　在我從事經濟研究之路上，承蒙父母的寬容與鼓勵，得以在沒有掛慮下全心投入，未能以更豐碩的果實回報二老，其感汗顏，謹以此書獻給父母，俯首表達為人兒女的一份敬意與感恩。

楊雅惠　謹誌

2005 年 3 月

總體經濟學

總目次

■ 第一章　　　總體經濟學簡介　　　　　　　1

■ 第二章　　　國民所得之定義與衡量　　　　11

■ 第三章　　　總體均衡簡論　　　　27

■ 第四章　　　古典學派與新古典學派　　　　37

■ 第五章　　　簡單凱因斯模型：所得支用模型與乘數　　　　51

■ 第六章　　　消費理論　　　67

■ 第七章　　　投資理論　　　81

■ 第八章　　　貨幣與金融體系　　　93

■ 第九章　　　貨幣供需與利率　　　107

■ 第十章　　　總需求分析：IS–LM 模型　　　127

■ 第十一章　　　總供需均衡：AD–AS 分析　　　153

■ 第十二章　　　通貨膨脹與失業　　　175

■ 第十三章　　　經濟成長　　　199

■ 第十四章　　　景氣波動　　　221

■ 第十五章　　　開放經濟　　　235

■ 第十六章　　　經濟學派思潮之異同　　　253

目　次

自　序

第一章　總體經濟學簡介

1.1　總體經濟學領域　......2

 1.1.1　受關切之總體經濟現象　......2

 1.1.2　總體經濟學與個體經濟學之差異　......3

1.2　總體經濟各部門關係　......4

1.3　總體經濟學之內容架構　......6

1.4　經濟實務話題　......8

 1.4.1　民生痛苦指數與金融痛苦指數　......8

 1.4.2　臺灣地區之痛苦指數　......9

第二章　國民所得之定義與衡量

2.1　國內（民）生產毛額之定義　......12

2.2　國民所得之衡量　......13

2.3　國民所得相關觀念　......17

 2.3.1　國民所得與個人所得　......17

 2.3.2　名目所得與實質所得　......20

 2.3.3　國民所得帳之缺失　......21

2.4　經濟實務話題　......22

 2.4.1　物價指數之編製與定義　......22

 2.4.2　臺灣國民所得成長與組成　......23

第三章　總體均衡簡論

3.1　總體經濟市場　......28

3.2　總供給　......29

3.3　總需求　......30

3.4　總體均衡　......30

3.5　總體均衡之長短期分析　......31

3.6　經濟實務話題　......33

　　3.6.1　政治與經濟　......33

第四章　古典學派與新古典學派

4.1　古典學派總供需與賽伊法則　......38

　　4.1.1　古典學派的基本假設　......38

　　4.1.2　賽伊法則　......38

4.2　新古典學派之實質面　......39

　　4.2.1　生產函數　......39

　　4.2.2　勞動需求函數　......40

　　4.2.3　勞動供給函數　......42

　　4.2.4　勞動市場均衡與總產出　......42

4.3　古典學派與新古典學派之貨幣面　......43

　　4.3.1　交易方程式與貨幣數量說　......43

　　4.3.2　貨幣中立性　......45

　　4.3.3　總供需　......45

4.4　古典學派與新古典學派思潮簡述　......46

　　4.4.1　古典學派　......46

　　4.4.2　新古典學派　......47

4.5　經濟實務話題　......47

　　4.5.1　臺灣貨幣流通速度　......47

第五章　簡單凱因斯模型：所得支用模型與乘數

5.1　凱因斯模型之背景　......52

5.2　簡單兩部門基本模型　......52

5.3　乘　數　......56
5.4　加入政府部門之考量　......60
5.5　加入國際貿易部門之考量　......62
5.6　經濟實務話題　......62
　　5.6.1　刺激消費以促進成長　......62
　　5.6.2　愈花錢愈富有　......63

第六章　消費理論

6.1　凱因斯的消費傾向　......68
6.2　絕對所得假說　......70
6.3　相對所得假說　......71
6.4　恆常所得假說　......72
6.5　生命週期假說　......73
6.6　古典學派之消費理論　......75
6.7　跨期選擇模型　......76
6.8　經濟實務話題　......79
　　6.8.1　臺灣消費函數實證　......79

第七章　投資理論

7.1　投資觀念概述　......82
7.2　投資之收益與成本　......83
7.3　加速原理與 q 值理論　......87
　　7.3.1　投資之加速原理　......87
　　7.3.2　q 值理論　......88
7.4　經濟實務話題　......89
　　7.4.1　臺灣歷年投資之組成　......89
　　7.4.2　廠商投資考慮因素　......90

第八章　貨幣與金融體系

8.1　貨幣的定義與功能 94

8.2　金融體系之角色、功能與結構 98

　8.2.1　金融體系之角色與功能 98

　8.2.2　金融體系之結構 100

8.3　經濟實務話題 103

　8.3.1　臺灣金融機構成長情形 103

第九章　貨幣供需與利率

9.1　金融資產市場 108

9.2　可貸資金理論 109

　9.2.1　債券需求函數 110

　9.2.2　債券供給函數 111

　9.2.3　債券市場均衡與均衡利率之決定 113

　9.2.4　債券市場均衡之變動 114

9.3　流動性偏好理論 117

　9.3.1　貨幣市場均衡 117

　9.3.2　貨幣市場均衡之變動 119

　9.3.3　凱因斯的流動性陷阱 121

9.4　經濟實務話題 122

　9.4.1　2000 年至 2004 年間各國央行升降息現象 122

第十章　總需求分析：IS-LM 模型

10.1　IS-LM 模型之意義 128

10.2　商品市場 —— IS 曲線之構成 129

　10.2.1　IS 曲線之推導 —— 四圖方式 130

　10.2.2　IS 曲線之推導 —— 四象限圖方式 131

　10.2.3　總需求變動對 IS 曲線之影響 133

10.3　貨幣市場 — LM 曲線之構成　......134

　　10.3.1　IS–LM 曲線之推導 — 貨幣供需圖　......134

　　10.3.2　LM 曲線之推導 — 四圖方式　......135

　　10.3.3　LM 曲線之推導 — 四象限圖方式　......136

　　10.3.4　貨幣供需變動對 LM 曲線之影響　......137

　　10.3.5　流動性陷阱下之 LM 曲線　......140

10.4　IS–LM 曲線之均衡　......141

10.5　政府政策對均衡之影響　......143

10.6　經濟實務話題　......148

　　10.6.1　貨幣政策之決策　......148

　　10.6.2　貨幣與成長　......149

第十一章　總合供需均衡：AD–AS 分析

11.1　總需求曲線　......154

　　11.1.1　總需求曲線之推導 — 凱因斯有效需求線　......154

　　11.1.2　總需求曲線之推導 — IS–LM 分析法　......155

11.2　總供給曲線　......157

　　11.2.1　總供給曲線之推導 — 由商品市場均衡出發　......157

　　11.2.2　總供給曲線之推導 — 由勞動市場均衡出發　......159

11.3　供需均衡與變動　......163

　　11.3.1　需求面的變動　......163

　　11.3.2　供給面的變動　......165

　　11.3.3　全面均衡模型　......168

11.4　經濟實務話題　......172

　　11.4.1　基本工資與勞工補貼　......172

第十二章　通貨膨脹與失業

12.1　通貨膨脹的定義與型態　......176

　　12.1.1　通貨膨脹之定義　......176

12.1.2　需求拉動型與成本推動型通貨膨脹　......176

12.1.3　惡性通貨膨脹　......179

12.1.4　內生的與外來的通貨膨脹　......180

12.1.5　停滯性通貨膨脹　......182

12.2　政府因應通貨膨脹對策　......184

12.2.1　通貨膨脹之影響　......184

12.2.2　政府對通貨膨脹之因應對策　......185

12.3　失業的衡量　......187

12.4　菲利普曲線與自然失業率　......189

12.5　經濟實務話題　......191

12.5.1　重要國家之通貨膨脹率　......191

12.5.2　臺灣的菲利普曲線　......194

12.5.3　失業與「擴大公共服務計畫」　......195

第十三章　經濟成長

13.1　經濟成長與資源秉賦　......200

13.2　Harrod-Domar 模型　......202

13.3　Solow 成長模型　......208

13.3.1　商品供給和生產函數　......208

13.3.2　資本增加和儲蓄率　......209

13.3.3　黃金法則　......212

13.4　內生化成長模型　......214

13.5　經濟實務話題　......217

13.5.1　臺灣各經濟部門之成長　......217

第十四章　景氣波動

14.1　景氣波動本質與預測　......222

14.1.1　景氣波動本質　......222

14.1.2　景氣波動預測　......223

14.2　各種景氣循環理論　......224

　14.2.1　凱因斯學派與乘數─加速原理　......224

　14.2.2　貨幣學派之貨幣政策景氣循環　......226

　14.2.3　政治景氣循環　......227

　14.2.4　新興古典學派與實質景氣循環理論　......228

14.3　經濟實務話題　......229

　14.3.1　經濟景氣之判斷指標　......229

　14.3.2　臺灣景氣波動現象　......232

第十五章　開放經濟

15.1　國際貿易　......236

15.2　國際金融　......238

　15.2.1　外匯市場簡介　......238

　15.2.2　一價法則與購買力平價說　......241

　15.2.3　利率平價說　......243

　15.2.4　短期影響匯率之因素　......245

15.3　經濟實務話題　......248

　15.3.1　魯濱遜有了鄰居　......248

　15.3.2　臺灣進出口貿易　......249

第十六章　經濟學派思潮之異同

16.1　古典與新古典學派　......254

16.2　凱因斯學派　......256

16.3　貨幣學派　......257

16.4　新興古典學派　......258

16.5　重要經濟學派之比較　......260

16.6　經濟實務話題　......261

　16.6.1　經濟學笑話三則　......261

第 一 章

總體經濟學簡介

　　總體經濟學所討論之問題，涵蓋經濟體系中各部門之互動，總體均衡之變動，以及政府政策之影響；總體環境會影響社會每一單位與個體之行為。本章第一節首先簡述總體經濟學領域，第二節綜觀總體經濟各部門關係，第三節則陳述本書總體經濟學之內容架構。

架構圖 1 ── 總體經濟學簡介

總體經濟學簡介 {
　總體經濟學領域 (1.1)

　總體經濟各部門關係 (1.2)

　總體經濟學之內容架構 (1.3)
}

1.1　總體經濟學領域

1.1.1　受關切之總體經濟現象

哪些總體經濟問題受人關切？你可以先想想下述問題。

近年來經濟景氣好嗎？衡量經濟景氣好壞的指標有哪些？哪些因素會造成景氣蓬勃或景氣蕭條？我國最近經濟景氣如何？今年景氣會不會比去年好？明年能不能有好的經濟前景？

你擔心失業嗎？為何造成失業？總體經濟發生了什麼問題而造成失業？

經濟景氣受國內與國外種種因素影響，我們每一個人在決定自己的消費、投資、儲蓄行為時，與總體經濟產生何等互動？

你把錢存在銀行嗎？利息收入理想嗎？你向銀行借錢時之利息負擔過重嗎？利率水準對存放款雙方的意義何在？利率水準是如何決定的？社會上有游資泛濫或資金緊縮的現象嗎？社會上的貨幣量有多少？除了銀行以外，金融體系中還有哪些金融機構與金融商品？你去買過股票嗎？你接觸過票券市場嗎？這些市場的特性如何？

為了讓金融穩定，中央銀行要如何控制貨幣量？中央銀行常用的政策工具有哪些？貨幣政策如何影響整個經濟的成長、物價乃至於失業等變數？

每個國家與其他國家都有進出口貿易，其進出口量之消長趨勢與哪些經濟變數有關？國內生產量與國際貿易之間有何關係？

在種種經濟現象變動過程中，政府應否運用政策工具來刺激景氣？何種政策工具較為適合？財政政策、貨幣政策、貿易政策或其他政策工具是否適合？

看看外匯市場，其影響外匯供給與需求的因素為何？你想知道匯率是如何決定的嗎？為何會有升值或貶值趨勢？

為什麼在面臨各種經濟問題時，社會各界會有不同主張出現？經濟學上有不同的理論派別，其立論有何差異？政策主張有何差異？

要瞭解這些內容，需有一套完整的理論訓練，才能夠去分析研判財經局勢。這就需要總體經濟學的訓練，將種種經濟現象以有條理而邏輯性的理論架構來剖析，釐清各經濟變數間的關係，推演政府政策的影響途徑與效果。

1.1.2　總體經濟學與個體經濟學之差異

經濟學分成個體經濟學與總體經濟學兩個範疇。個體經濟學分析每個經濟個體與個別市場之行為，推導市場供需，探討均衡價格與數量之決定，以及市場均衡變動的原因。經濟體系包括不同的市場，以產品市場為例，產品市場之需求面分析，由家計部門著手，家計部門在所得限制條件下，為追求最大效用而對於消費品提出有效需求。產品市場之供給面由生產部門分析著手，在生產技術與資源限制下，為追求最大利潤而在商品市場上提出供給量。至於生產要素市場，家計部門根據其最適行為決定生產要素之供給，廠商也根據其最適行為決定要素之需求。

總體經濟學分析整個經濟社會的總合行為，它所討論的變數都是屬於總量 (Aggregates) 或平均量 (Average) 的概念，以所得而言，總體經濟學討論總所得；以物價而言，總體經濟學討論平均物價。至於討論市場供需，亦是以總合市場為對象，例如討論商品市場，雖然明知每樣商品的種類、品質、功能有所差別，但分析時總合在一起，成為一個商品市場來討論。討論勞動市場、債券市場，也是各自將不同性質的勞動者、不同型態的債券，併成一個總合的市場來討論。

個體經濟學與總體經濟學所研究之重點不同。個體經濟學強調資源配置，透過市場機能來決定資源配置方式，而市場機能最重要的是靠相對價格調整來發揮功能，故個體經濟學有一部份稱價格理論 (Price Theory)。總體經濟學討論總合經濟發展，尤其是總所得，分析總所得之決定及變動之影響因素，故總體經濟學有一部分被視為所得理論 (Income Theory)。

1.2　總體經濟各部門關係

　　總體經濟各部門之間的關係乃是環環相扣的。首先由圖 1–1 可看出：總體經濟可分成企業部門（生產部門）、家計部門。企業部門所生產的物品至商品市場銷售，家計部門至此市場購置。企業部門生產時所需之資源至要素市場尋求，家計部門則至此提供生產要素以賺取所得。除了企業部門與家計部門之外，政府部門也是影響總體經濟的重要部門。至於開放經濟體系，則需納入國外部門，與國內經濟各部門產生互動。

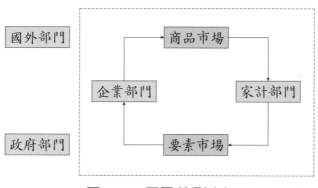

圖 1–1　　國民所得川流

　　所謂生產要素，通常指勞動、資本、土地以及企業家才能。每項生產要素均可獲致報酬。生產要素獲取所得後，至商品市場購置商品，使得整個總體經濟脈動川流不息。

　　其實，無論個體經濟學或總體經濟學，均涉及到市場供需的價格與總量，而個體經濟學只強調個別商品市場供需，總體經濟學則涉及到商品市場、貨幣市場、勞動市場、國際經濟市場等等多部門的互動。總體經濟學需要個體經濟學的基礎，個體經濟學需先設定總體經濟環境方能進一步推展，兩者相輔相成。

　　總體經濟學各議題與本書架構之結合方式示於圖 1–2。

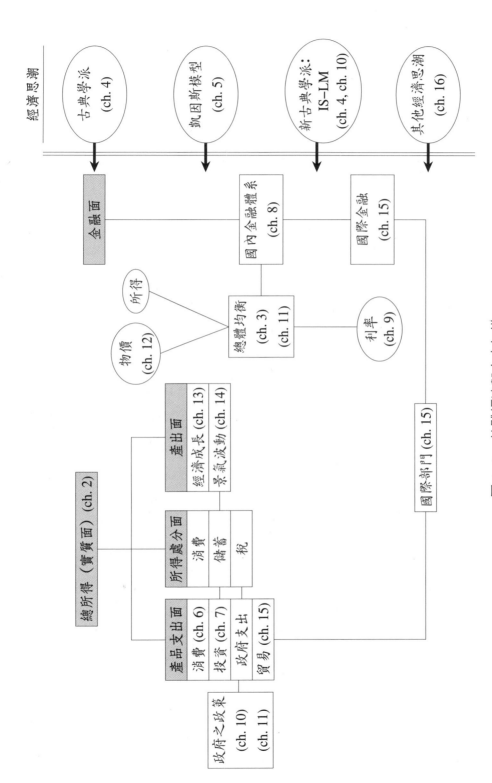

圖 1-2　總體經濟與本書架構

　　實質經濟活動分成封閉經濟體系與開放經濟體系。封閉體系指國內經濟活動不包括貿易部門，其重要的總體經濟變數為所得與失業變數；而開放體系則包括貿易部門，需討論進出口活動。

　　各市場有其供給與需求，供需均衡後得出均衡市場價格。金融體系與實質經濟之間有相互影響，其影響呈現在貨幣市場、商品市場與外匯市場的需求和供給上。貨幣市場的需求主要來自於實質經濟體系的各項經濟活動，以及金融體系中的資產選擇行為。貨幣市場的供給一方面受政府貨幣政策的影響，另方面與金融機構的信用創造過程有關，由貨幣市場的供需均衡，決定出利率水準。

　　商品市場的供需主要在實質經濟體系中決定，相對價格決定其資源分配模式，至於商品絕對價格的高低，則需加入貨幣量的考量，由社會貨幣量與總所得來共同決定平均價格水準。

　　外匯市場乃是在開放經濟體系下，受國際貿易、資本流動之影響，出口產生外匯供給，進口產生外匯需求，而政府的外匯政策更是最重要的匯率影響因素。

　　政府所扮演的角色極為重要，政府透過總體貨幣金融政策與財政政策之操作，可影響金融市場以及實質經濟活動，進而達到促進所得與投資，穩定物價並降低失業之政策目標。這種分析將透過 IS–LM、AD–AS 模型來探討。

1.3　總體經濟學之內容架構

　　本書架構分成數個層次，其關係示於圖 1–3，除導論外，分成總體經濟概念與簡論（國民所得之定義與衡量、總體均衡簡論）、實質部門均衡分析（古典與新古典學派、簡單凱因斯模型、消費、投資）、貨幣部門分析（貨幣與金融體系、貨幣供需與利率）、總體均衡分析 (IS–LM、AD–AS)、總體經濟之變動（通貨膨脹與失業、經濟成長、景氣波動）、開放之經濟（開放經濟）、經濟學派之發展（經濟學派思潮）等七個層次。

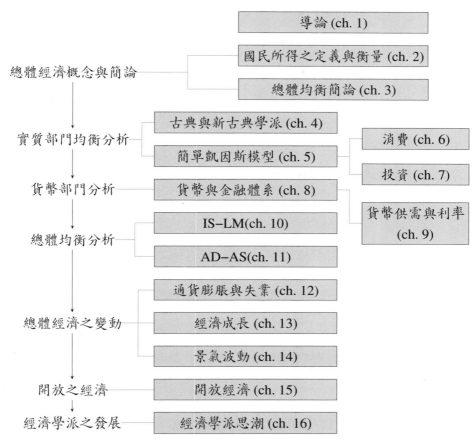

圖 1-3　本書總體經濟學之內容架構

　　本書共有十六章。本章為導論，介紹總體經濟學所關切的問題與主要內容架構。第二章為國民所得之定義與衡量，說明國民所得的基本定義與衡量方式，以此展開所有總體經濟議題之推演。第三章為總體均衡簡論，以簡要方式提綱挈領地剖析總體經濟之均衡，此與個體經濟學之市場理論有異曲同工之妙。

　　第四章從古典與新古典學派切入，此為經濟學發源時期之思潮，強調市場之價格機能與均衡之必然。第五章為簡單凱因斯模型，闡釋經濟學上凱因斯革命之重大意義，強調政府角色之重要性。接下來第六章與第七章為消費理論與投資理論，此為兩項基本的實質經濟行為。

　　第八章與第九章把貨幣面引入總體經濟,第八章介紹貨幣與金融體系,包括貨幣定義與金融體系結構, 第九章為貨幣供需分析, 引介兩套主要的利率決定理論。

　　第十章用 IS–LM 分析法,結合貨幣市場與商品市場,第十一章用 AD–AS 分析法, 進一步結合了總需求與總供給面, 一方面說明均衡所得、物價與利率之達成, 另方面分析政府財政政策與貨幣政策對經濟之影響。

　　接下來分析總體經濟變動現象, 第十二章討論兩個重要議題, 通貨膨脹與失業; 第十三章為探討經濟成長之理論; 第十四章則是景氣循環現象與理論。

　　第十五章擴充至開放經濟體系, 包括國際貿易與國際金融。最後一章則是主要經濟學派思潮之演變, 蓋總體經濟現象繁複, 經濟學派主張各有重點, 有其異同。

1.4　經濟實務話題

1.4.1　民生痛苦指數與金融痛苦指數

㈠民生痛苦指數

　　將失業率及物價指數上漲率二者加總, 俗稱為痛苦指數, 用以衡量各期間景氣波動對民眾生活的影響。因失業率越高, 一般家庭之收入減少, 而物價上漲幅度越大, 購買力降低, 生活將越痛苦, 故亦稱民生痛苦指數。

㈡金融痛苦指數

　　將貨幣貶值幅度（一般皆採兌美元匯率）及股價跌幅二者加總, 俗稱為金融痛苦指數, 用以衡量特定時點財富縮水程度。貨幣貶值, 擁有之財富相對國外購買力降低, 股價下跌, 造成持有股票等金融資產價值減低。

資料來源：行政院主計處第三局

【思考題】：為何這些指標會被視為衡量痛苦的指標？是否這些指標變動必然會造成痛苦？對哪些人不利，而對哪些人有利？

1.4.2　臺灣地區之痛苦指數

表 1-1　臺灣地區物價指數上漲率、失業率暨痛苦指數變動概況表

年	痛苦指數 (%)	物價指數上漲率 (%)	失業率 (%)
1996	5.68	3.08	2.60
1997	3.61	0.89	2.72
1998	4.38	1.69	2.69
1999	3.09	0.17	2.92
2000	4.25	1.26	2.99
2001	4.56	−0.01	4.57
2002	4.97	−0.20	5.17
2003	4.71	−0.28	4.99
2004	6.06	1.62	4.44

註：民生痛苦指數＝物價指數上漲率＋失業率。
資料來源：行政院主計處，2005 年 3 月。

【思考題】：近年來臺灣失業率走勢如何？原因何在？臺灣物價看來有沒有通貨膨脹之虞？

 本章重要詞彙

總體經濟學 (Macroeconomics)　　　　個體經濟學 (Microeconomics)
民生痛苦指數　　　　　　　　　　　金融痛苦指數

 本章練習題

1. 總體經濟學與個體經濟學之關係以及異同為何？
2. 總體經濟學研究範圍涵蓋哪些部門？
3. 何謂民生痛苦指數？何謂金融痛苦指數？

本章參考文獻

1. 柳復起 (2000)，《總體經濟學》，華泰文化。

2. 楊雲明 (1999)，《總體經濟學》，智勝文化。

3. 張清溪、許嘉棟、劉鶯釧、吳聰敏 (2000)，《經濟學——理論與實際》，下冊，翰蘆圖書。

4. Gordon, Robert J. (2002), *Macroeconomics*, Ninth Edition, Addison-Wesley Longman.

第 二 章

國民所得之定義與衡量

　　一國之國民所得水準，包括國內生產毛額 (GDP)、國民生產毛額 (GNP) 觀念。在衡量各種定義國民所得時，可分別從產品支出面、所得收入面、附加價值面以及所得處分面來衡量。本章第一節介紹國內（民）生產毛額之定義，第二節為國民所得之衡量。第三節則介紹國民所得相關觀念，如國民所得與個人所得、名目所得與實質所得等。

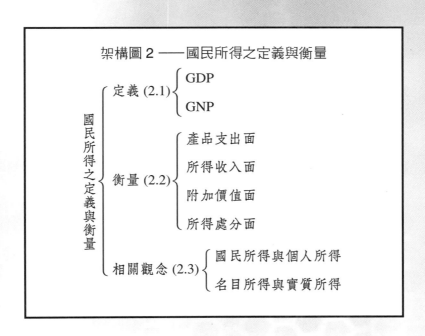

架構圖 2 ── 國民所得之定義與衡量

國民所得之定義與衡量
- 定義 (2.1)
  - GDP
  - GNP
- 衡量 (2.2)
  - 產品支出面
  - 所得收入面
  - 附加價值面
  - 所得處分面
- 相關觀念 (2.3)
  - 國民所得與個人所得
  - 名目所得與實質所得

2.1　國內（民）生產毛額之定義

衡量一國經濟活動水準最常用之指標包括國內生產毛額、國民生產毛額、國民所得、可支配所得等等。

首先介紹國內生產毛額 (Gross Domestic Product, GDP)，即一國在一定期間內其本國境內居民所生產最終產品（商品及勞務）的市場價值。至於國民生產毛額 (Gross National Product, GNP)，乃一國「全體國民」在一定期間內所生產之最終產品的市場價值。

GDP 與 GNP 之差別為：計算 GNP 時，國人所賺取之境外所得皆必須加入，但境內產值歸外國人所有者應扣除。兩者通常相差不大。如果一國的外籍勞工人數多，則 GNP 小於 GDP；如果對外投資甚多，每年賺取大量股息紅利匯入，則 GNP 大於 GDP。

GDP = GNP − 本國國民的生產要素參與國外生產之報酬 + 外國國民的生產要素參與本國生產之報酬

又據一般定義：

要素在國外淨所得 = 本國國民的生產要素參與國外生產之報酬 − 外國國民的生產要素參與本國生產之報酬

故 GDP 與 GNP 之關係又可以寫成：

GDP = GNP − 要素在國外淨所得

國內（民）生產毛額之概念包括下列三個重點：

㈠一定期間內生產之商品與勞務價值

國民所得是流量而非存量觀念。流量與存量是性質不同的經濟變數，流量 (Flow) 是一段時間的經濟量，存量 (Stock) 是某一時點的經濟量。例如

張三在 2004 年 12 月 31 日的銀行存摺餘額是指某一日期的存款額，這是存量而非流量；而張三在 2004 年 12 月賺進的薪資則是流量而非存量。某個公司年底盤點所有機器設備之價值，稱為資本，乃是存量；此公司在一年內購置多少新的機器設備稱為投資，乃是流量。而一國在某年年底所累積之財富，乃是存量；一國在該年所生產出來的商品與勞務價值稱年所得，在該季所生產出來的商品與勞務價值稱季所得，此乃流量觀念。

(二)市場交易價值

經市場交易行為而記錄之價值，若無市場交易，買賣之行為便不記入。某些經濟活動若非市場交易，便不計入 GDP，故主婦操作家務之貢獻不能記入，因為沒有直接的「市價」可計。基於同樣理由，其他類似活動，如自立耕種、休閒活動等之價值不計入，因其不具備市場價值；至於走私等黑市固有交易行為，但未正式合法記錄，並未列入官方統計，屬違法行為，乃是地下經濟，亦不記入。

(三)最終產品

計入國民所得統計之交易，乃是指產品最終價值，乃是最終產品 (Final Products)，一切原料及中間產品 (Intermediate Products) 之價值皆不能算在內，目的是為了避免重複計算，不納入能以任何方式再出售之產品。

2.2　國民所得之衡量

常用的國民所得觀念為國內生產毛額或國民生產毛額。國民所得的計算可用四種方式，由此四種不同方式計算的數值在理論上應該完全相同。

第一種是由產品支出面來看，計算產品最終用途之總值。第二種是由所得收入面來看，將各項生產要素賺取之報酬加總而得。第三種是由附加價值面來著手，加總生產過程中之每一階段參與生產者之淨貢獻。第四種是從所得處分面來衡量，即考慮消費或儲蓄之用途。這四種方式說明如下：

㈠產品支出面衡量法 (Expenditure Approach)

　　從最終產品購買者之支出面著手衡量 GDP（或 GNP），是各國通用衡量國民所得的方式，稱為支出面法。國內生產總值可區別為消費 (C)、民間投資 (I)、政府支出 (G) 及淨輸出 (X–IM) 四大類支出。分別說明之。

　　C (Consumption)：代表民間消費支出，包括耐久性及非耐久性消費兩大類，消費者購買商品與勞務後，將提高效用。

　　I (Investment)：代表民間投資支出。生產者在生產過程中添購生產設備，以提高其產出，故機器設備屬於投資。此外還有新增加之建築，亦有助於生產用途。倉庫中的存貨，雖未能銷售出去，仍歸入此項目中，成為國民所得衡量上的調整項目。投資品包括(1)機器設備 (2)廠房建築及住宅興建(3)存貨增加額。

　　G (Government Expenditure)：代表政府購買之商品及勞務，作為政府執行財政政策之工具。

　　X (Export)：代表一國對外貿易過程中出口外銷產品與勞務之總值。

　　Im (Import)：代表一國貿易過程中進口物品及耗用國外勞務之總值。

　　X–Im：輸出減去輸入，為淨輸出。一國的消費、投資與政府支出等項目，有部份來自於國外進口，另外有些廠商生產出來的產品直接外銷而未供國人使用，故在計算國內生產毛額時，應加上出口而減去進口。

　　國內生產毛額為消費、民間投資、政府支出、淨輸出之總合，以 Y 代表國民所得總值：

$$Y = C + I + G + X - Im$$

　　此式為國民所得均衡式。在國民所得會計帳上，亦為恆等式，蓋投資項目之中含有存貨科目，正是供給與需求不相等的差額，此項目之列入，可保證上式左右兩邊之恆等。

㈡所得收入面衡量法 (Income Approach)

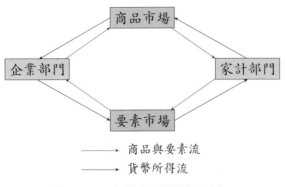

圖 2-1　商品與所得川流圖

　　圖 2-1 顯示：商品與要素流總值應等於貨幣所得流總值。以商品市場而言，企業部門生產出來的商品總收入，即等於家計部門的總支出。企業生產時須投入生產要素，由家計部門提供。要素市場包括勞動力、土地、資本與企業家才能，要素報酬包括勞動的薪資、土地的地租及資本的利息，三者構成商品的成本，成本再加上企業家利潤構成商品價格。企業對生產要素支付的金額即等於家計部門之總所得。故由商品市場支出面所有最終產品價格總和構成的國內生產毛額，必定恰等於所有要素市場之生產要素賺取的國民所得總額。

$$全國生產要素報酬 = 薪資總額\,(\Sigma w) + 地租總額\,(\Sigma r) + 利息總額\,(\Sigma i)$$
$$+ 毛利潤總額\,(\Sigma \pi) = 國民所得總額$$

　　式中 w 代表薪資，r 代表地租，i 代表利息，π 代表利潤。

$$Y = \Sigma w + \Sigma r + \Sigma i + \Sigma \pi$$

GDP 產品支出面 = **GDP** 所得收入面（國民所得總額），以符號表示即：

$$C + I + G + X - Im = \Sigma w + \Sigma r + \Sigma i + \Sigma \pi = Y$$

㈢附加價值面衡量法 (Value Added Approach)

此乃將產品由原料到半製品再到製成品之每一段生產過程中，增添之價值相加求其總和的結果。下面的例子可解釋用附加價值計算國民所得的方法。最終產品為超市售予消費者之皮鞋，假定價值為 $2,000，其每一段生產過程貢獻的附加價值可分解為四項：即 $600，$300，$400 及 $700。

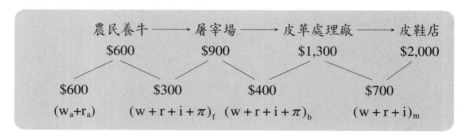

圖 2–2　由附加價值衡量所得

$$
\begin{array}{lllllll}
& w & r & i & \pi & & \\
w_a+r_a = & 400 & +200 & & & = 600 & = 農民之貢獻 \\
w_f+r_f+i_f+\pi_f = & 100 & +\ 80 & +\ 70 & +\ 50 & = 300 & = 屠宰廠生產因素之貢獻 \\
w_b+r_b+i_b+\pi_b = & 200 & +100 & +\ 60 & +\ 40 & = 400 & = 皮革處理廠生產因素之貢獻 \\
w_m+r_m+\pi_m = & 400 & +200 & & +100 & = 700 & = 皮鞋店生產因素之貢獻 \\
\hline
& 1,100 & +580 & +130 & +190 & =2,000 &
\end{array}
$$

上例中，薪資 $w=1,100$，地租 $r=580$，利息 $i=130$，利潤 $\pi=190$，於是將最終產品皮鞋市價 2,000 分解為以上各種所得類別。如果追溯生產過程將附加價值加總之和可得 2,000 (600+300+400+700=2,000)，與前述各方式求得之結果相同，可以互相對照求證。

㈣所得處分面衡量法 (Income Disposal Approach)

另一種衡量國民所得的方式是用所得如何處分來衡量。生產要素所有主取得要素報酬即所得後，其處分不外是消費 (C)、儲蓄 (Saving, S) 以及淨租稅支出 (Net Tax Payment)，此用 T 表示之。「淨租稅支出」此表示要素所有主的總租稅支出，包括直接稅和間接稅❶，但此需減去政府對民間的移

轉性支出 (Transfer)❷，以及減去政府公債利息及加上政府補貼等部分。此外尚須考慮對國外的淨移轉支出淨額，此以 R_f 表示之。R_f 可以為正或負，若為正，表示國內對國外的移轉支出大於國外對國內的移轉支出，此一差額必須算入國民生產毛額，以表示該國於某一段期間源於國內生產活動的結果；反之若為負，必須加以減除。此法如下式所示：

$$GNP = C + S + T + R_f$$

2.3 國民所得相關觀念

2.3.1 國民所得與個人所得

國民所得一詞，在統計上有幾種不同的觀念。這些不同觀念運用不同的統計方法，因此會得到不同的數值。從生產面來看，國民所得所指的多是生產總額；而在一般人印象中，其所指的可能是可支配所得 (Disposable Income)，反映其生活水準及經濟福利程度。

從支出面的國民（內）生產毛額到可支配所得，尚有中間幾個不同層次的統計概念，通用的名詞與調整過程顯示如下：

㈠國民（內）生產淨額 (Net National Product, NNP)

資本設備會折舊，毛投資扣除折舊之後，稱為淨投資。國民（內）生產毛額扣除折舊之後，稱為國民（內）生產淨額。

GNP（或 GDP）－ 折舊 ＝ 國民生產淨額 NNP (Net National Product)

或國內生產淨額 NDP (Net Domestic Product)

---

❶ 直接稅是指納稅人和最終負稅人為同一人；而間接稅是指納稅人和最終負稅人非為同一人；前者如所得稅，後者如貨物稅。進一步說明間接稅：租稅經由轉嫁 (Shifting) 的過程，讓租稅課徵的衝擊者與負擔者不一致，稱為間接稅。

❷ 移轉性支出是指非等價之交換，即所給付者並非因對其提供等值的生產勞務。

㈡國民所得 (National Income, NI)

國民所得乃是國民生產要素的所得（包括工資、地租、利息及利潤），與國民生產淨額的差額即是間接稅部分。

$$NNP - 間接稅 = 國民所得按要素成本計算 \text{ (at factor cost)}$$
$$= 國內要素所得$$
$$= 國民所得 \text{ NI}$$

㈢個人所得 (Personal Income, PI)

個人所得乃是衡量個人的所得總額，而非衡量生產價值。由國民所得中，扣除不屬於個人所得的項目，加上屬於個人所得的項目。扣去之項目包括公司所得稅、公司未分配盈餘、社會保險（雇主社會保險、受雇人員社會保險），加上對家庭移轉支付項目（由政府與企業移轉收入淨額、公債利息、民間由國外移轉收入淨額等等）。

$$國民所得 - 公司所得稅 - 公司未分配盈餘 - 社會保險 + 對家庭移轉支付$$
$$= 個人所得 \text{ PI}$$

㈣個人可支配所得 (Personal Disposable Income, DI)

個人所得並非個人完全可支配，需把個人直接稅扣除，方為個人可支配所得。

$$個人所得 - 個人直接稅 = 個人可支配所得 \text{ DI}$$

個人可支配所得可用於消費行為，未消費部分即是儲蓄，故個人可支配所得即為消費與儲蓄之和。

$$個人可支配所得 = 個人消費 + 個人儲蓄$$

可支配所得由上述各環節層層計算下來，任一因素的變動，如政府稅

收高低與部門間支付行為，均會影響可支配所得。可支配所得的處分方式主要為消費及儲蓄兩種，消費可立即增加消費者（即家庭與個人）的效用水準，儲蓄則可增添財富水準，兩者均可使福利增加。

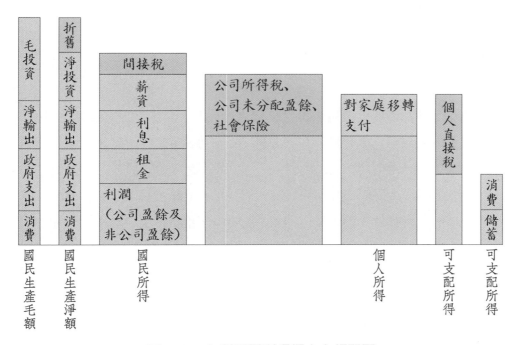

圖 2-3　各種國民所得概念之相關圖

以上說明內容為全國國民總所得概念，若以平均每人所得來看，則總所得除以人口數：

$$平均每人\ GNP\ (\text{per capita GNP}) = GNP/\ 全國人口數$$
$$平均每人可支配所得\ (\text{per capita DI}) = DI/\ 全國人口數$$

進行國際間經濟發展程度之比較時，除了比較 GNP 之外，更重要的，是要觀察平均每人 GNP 水準。蓋各國人口多寡不一，人口多者則總所得高，並不代表生活水準高，故平均每人所得水準乃是一重要指標。

2.3.2 名目所得與實質所得

名目所得係以當期商品與勞務價格所合計之所得,鑑於物價每年變動,物價乘以總產量之後的總值變動,同時反映了物價變動與生產量的變動,不能正確反映總生產量間的情形。因此,宜將物價變動因素剔除,將名目所得除以當年物價水準,得到「實質所得」,方能正確反映該國經濟發展的情形。

物價水準的編制,係每年擇定具代表性物品,將其物價加權平均而得。為便於逐年比較,便擇定某一年為基期 (Base Period),以該年物價水準為基準,每年物價水準都轉化成物價指數,基期年之物價指數為 100,其他年度則視物價漲跌情形而定,物價指數可能高於 100 或低於 100。例如以第 n 年為基期,則該年物價水準為 100,往前後年推,推出各年的物價水準,得出該年實質所得。

以表 2–1 為例,令第 n 年為基期年,當年名目所得為 100,000,實質所得為 100,000。各年之物價指數不同,基期年物價指數為 100,前兩年之物價指數較低,各為 90、95,後兩年為 105、110。

表 2–1　名目所得與實質所得示例

年	物價指數 (1)	名目所得 (2)	實質所得 (3)=(2)/(1)×100	實質所得成長率 % (經濟成長率)
n–2	90	80,000	88,889	–
n–1	95	90,000	94,737	6.58
n (基期年)	100	100,000	100,000	5.56
n+1	105	110,000	104,762	4.76
n+2	110	120,000	109,091	4.13

計算實質所得需以物價水準平減之,即將名目所得除以物價指數再乘以 100。實質所得之計算方式為:

$$實質所得 = \frac{名目所得}{物價指數} \times 100$$

此處若名目所得所指為國內生產毛額 (GDP)，則物價指數應為國內生產毛額物價平減指數 (GDP Deflator)。

計得每年實質所得之後，以之計算實質所得成長率（經濟成長率）：

$$實質所得成長率 = \frac{當年實質所得 - 去年實質所得}{去年實質所得} \times 100$$

2.3.3　國民所得帳之缺失

一般而言，國民所得帳 (GNP/GDP) 是最常被用來描述一個國家總體經濟表現，如經濟成長與社會福利等，但傳統的國民所得帳有二項嚴重的缺失，以致於無法被用來描述一個國家的永續經濟成長概念或是完整的社會經濟發展，這兩項嚴重錯誤就是：⑴忽略了天然資源稀少性的計算，以致無法達成經濟的永續生產力。⑵忽略了因污染而導致的環境品質降低程度及對人類健康及社會福利的影響❸。因此，自 1987 年的世界環境和發展會議 (The World Commission on Environment and Development) 以來，在聯合國 (United Nations)、世界銀行 (World Bank) 及世界自然基金 (Worldwide Fund of Nature) 共同成立的工作小組的推動下，重新研究設計，及改善原有國民所得帳編制方式，希望能整合出一套新的包含環境和經濟的社會會計帳，即所謂的綠色國民所得帳 (Green GDP)，其基本的重要性，在於有效管理及使用有限的自然資源與經濟資源，以追求社會經濟的永續發展。1990 年由聯合國發展的 SNA (System of Nature Accounts) 所得帳已結合自然資源會計帳而成為 SEEA (System for Integrated Environment and Economic Accounts) 所得帳，即所謂綠色國民所得帳。

固然上述綠色國民所得帳之陳義頗為理想，但實務上，要精確地推算天然資源與環境品質的公式，困難度甚高而難有共識。除了環境因素外，社會福利有許多變數無法透過市場交易來呈現，例如休閒、旅遊、生活品

---

❸　參考柏雲昌、謝碧鳳 (1997)，〈綠色國民所得帳 —— 永續發展的新觀念〉，《經濟情勢暨論壇季刊》，2 (4)，pp. 112–123。

質等等，如果將這些代表社會福利的項目計入，得出社會福利指標，是目前各國與國際組織尚在努力而難獲具體成效的課題。

2.4　經濟實務話題

2.4.1　物價指數之編製與定義

為了衡量物價，須有一套物價指數編製方式。臺灣地區消費者物價指數創編於 1959 年，由原臺灣省各重要市鎮零售物價指數暨公務員生活費指數合併改編而來，初以 1954 年至 1955 年家計調查資料為權數，計選取商品 150 項，採拉氏公式編算；自 1966 年起確立每五年（民國逢 0 或 5 之年）更新權數及查價項目乙次，以因應消費型態變遷。迨 1990 年代行政院主計處按月編製及公佈臺灣地區消費者物價指數 (Consumer Price Index, CPI)、躉售物價指數 (Wholesale Price Index, WPI)、進口物價指數 (Import Price Index, IPI)、出口物價指數 (Export Price Index, EPI) 及營造工程物價指數 (Construction Cost Index, CCI)。根據相關資料，可進一步計算而得國內生產毛額物價平減指數 (GDP Deflator)。

各種物價指數之說明如下：

(1)消費者物價指數：以臺灣地區（包括都市及鄉村）為範圍所編制之零售物價指數，藉以衡量臺灣地區一般家庭為消費需要所購買之商品與勞務價格水準之變動狀況。

(2)躉售物價指數：指企業間相互交易之國內生產物品出廠價格及進出口物品之價格，以反映生產廠商出售原材料、半成品及製成品等價格變動情況。

(3)進口物價指數：以臺灣地區進口商品為查價範圍，藉以衡量進口商品價格水準之變動情形。

(4)出口物價指數：以臺灣地區出口商品為查價範圍，藉以衡量出口商品價格水準之變動情形。

(5)營造工程物價指數：衡量臺灣地區營造工程投入材料及勞務之價格
變動情況。

【思考題】：一般所謂的物價水準，是指何種物價？消費者與生產者所關心的，
是何種物價？

2.4.2 臺灣國民所得成長與組成

臺灣國民所得之資料示於表 2-2，表中數字已經以 2001 年幣值為基期
而平減成實質 GDP。在 1960 年代至 1973 年間，經濟成長率均甚高，甚至
達兩位數成長率（例 1965 年與 1970 年之成長率各為 11.1%、11.4%）。1973、
1974 年間恰逢第一次石油危機，使 1974、1975 所得成長率降低。1997、
1998 年間因亞洲金融風暴，經濟成長率趨緩，亞洲貨幣多大幅鉅貶而美元
升值，故以美元計價之每人 GNP 也降低。至於 2001 年適逢全球經濟不景

表 2-2　臺灣國民所得資料

年	總實質 GDP/ 成長率		每人平均名目國民所得 / 成長率	
	GDP（2001 年幣值，新臺幣百萬元）	成長率	每人平均 GNP（美元）	成長率
1960	382,924	6.3%	154	17.1%
1965	602,162	11.1%	217	7.2%
1970	961,799	11.4%	389	12.8%
1973	1,388,322	12.8%	695	33.2%
1974	1,404,455	1.2%	920	32.4%
1975	1,473,672	4.9%	964	4.8%
1980	2,437,798	7.3%	2,344	22.1%
1985	3,373,562	5.0%	3,297	4.1%
1990	5,223,394	5.4%	8,111	6.4%
1995	7,366,118	6.4%	12,686	7.5%
1996	7,815,617	6.1%	13,260	4.5%
1997	8,313,215	6.4%	13,556	2.2%
1998	8,673,131	4.3%	12,307	-9.2%
1999	9,134,467	5.3%	13,177	7.1%
2000	9,662,544	5.8%	14,114	7.1%
2001	9,447,649	-2.2%	12,789	-9.3%
2002	9,820,311	3.9%	12,884	0.7%
2003	10,147,817	3.3%	13,139	2.0%
2004	10,726,908	5.7%	14,032	6.8%

資料來源：行政院主計處網站。

氣與國內政黨輪替，經濟蕭條。2003、2004 年則漸有復甦跡象。

【思考題】：為何 2001 年之經濟成長率為負？你個人所得與每人平均國民所得
比較是較高或較低？

　　臺灣國民所得來自於各產業之貢獻（表 2–3），農業在 1960 年代占 28.5%
產值，接著逐年下降，至 2002 年已不足 2%；工業 1960 年代約占 26.9%，
1980 年代時增至超過 40%，至 1990 年代以來又逐年降低。至於服務業之
重要性乃逐年增加，至 2001 年時已占三分之二的產值。

表 2–3　國民所得來源：依產業別

單位：%

年	農業	工業	服務業
1960	28.5	26.9	44.6
1965	23.6	30.2	46.2
1970	15.5	36.8	47.7
1975	12.7	39.9	47.4
1980	7.7	45.7	46.6
1985	5.8	46.3	48.0
1990	4.2	41.2	54.6
1991	3.8	41.1	55.2
1992	3.6	40.1	56.3
1993	3.6	39.4	57.0
1994	3.5	37.7	58.8
1995	3.5	36.4	60.2
1996	3.2	35.7	61.1
1997	2.5	35.3	62.2
1998	2.5	34.7	62.9
1999	2.6	33.2	64.2
2000	2.1	32.5	65.4
2001	2.0	31.2	66.9
2002	1.9	31.4	66.8
2003	1.8	30.6	67.6
2004	1.7	29.5	68.8

資料來源：《中華民國臺灣地區國民所得統計摘要》，2005 年 3 月，行政院主計處。

　　若按支出面來剖析國民所得（表 2–4），以 2004 年而言，民間消費支
出與政府消費支出各占 62.99%、12.48%，投資占 20.73%，淨輸出（輸出 –
輸入）占 3.8% (=65.76%–61.96%)。由此可知，刺激所得之最主要關鍵在於

民間消費，其次為民間投資，至於輸出與政府消費，也有某種程度的正面影響。

表 2–4 國民生產之組成（按 2001 年價格計算）

未季節調整；新臺幣百萬元；%

年	國內生產毛額 (GDP)		民間最終消費支出 (C)	政府最終消費支出 (G)	投資 (I)	商品及勞務輸出 (X)	減：商品及勞務輸入 (Im)
1990	5,359,355	100%	54.76%	17.17%	23.08%	46.76%	41.78%
1991	5,764,210	100%	54.78%	17.39%	23.29%	47.40%	42.87%
1992	6,182,949	100%	55.96%	16.73%	25.52%	43.55%	41.76%
1993	6,594,262	100%	56.57%	15.63%	26.18%	44.08%	42.46%
1994	7,041,230	100%	58.38%	14.57%	25.38%	43.65%	41.98%
1995	7,485,739	100%	58.77%	14.24%	25.33%	47.98%	46.32%
1996	7,929,808	100%	59.13%	14.30%	23.20%	47.41%	44.03%
1997	8,405,669	100%	59.27%	14.41%	24.19%	48.30%	46.17%
1998	8,742,594	100%	59.72%	14.29%	24.91%	48.02%	46.95%
1999	9,225,965	100%	60.78%	13.19%	23.42%	48.43%	45.81%
2000	9,801,952	100%	61.95%	12.92%	22.84%	54.68%	52.40%
2001	9,639,673	100%	63.68%	13.13%	17.71%	51.03%	45.55%
2002	10,063,254	100%	62.88%	12.89%	16.73%	53.99%	46.50%
2003	10,478,086	100%	62.53%	13.01%	16.63%	58.42%	50.59%
2004	11,101,787	100%	62.99%	12.48%	20.73%	65.76%	61.96%

註：GDP=C+G+I+X−Im。
資料來源：〈重要經濟指標對國內生產毛額之關係比率〉,《國民經濟動向季報》,108 期,
2005 年 2 月，行政院主計處。

 本章重要詞彙

國內生產毛額 (Gross Domestic Product, GDP)

國民生產毛額 (Gross National Product, GNP)

產品支出面衡量法 (Expenditure Approach)

所得收入面衡量法 (Income Approach)

附加價值面衡量法 (Value Added Approach)

所得處分面衡量法 (Income Disposal Approach)

國內生產毛額物價平減指數 (GDP Deflator)

消費者物價指數 (Consumer Price Index, CPI)

蔓售物價指數 (Wholesale Price Index, WPI)

進口物價指數 (Import Price Index, IPI)

出口物價指數 (Export Price Index, EPI)

營造工程物價指數 (Construction Cost Index, CCI)

 本章練習題

1. 衡量國民所得，可從哪些角度來衡量？

2. 實質所得與名目所得的差異點為何？

3. 國民所得計算實例：

毛投資 (I) = 1,200	間接稅 = 300	公司所得稅及未分配盈餘 = 800
淨輸出 (X − Im) = 500	總工資 = 2,000	民間移轉收入 = 50
政府支出 (G) = 300	總利息 = 800	個人直接稅 = 200
個人消費 (C) = 3,000	總租金 = 500	個人儲蓄 = 1,500
折舊 = 200		

請問：(1) GNP = ?

(2) 個人所得 = ?

(3) 可支配所得 = ?

(4) 總利潤 = ?

 本章參考文獻

1. 柏雲昌、謝碧鳳 (1997)，〈綠色國民所得帳——永續發展的新觀念〉，《經濟情勢暨論壇季刊》，2 (4)，pp. 112–123。

2. 柳復起 (2000)，《總體經濟學》，華泰文化。

3. 郭婉容 (2000)，《總體經濟學》，三民書局。

4. Gordon, Robert J. (2002), *Macroeconomics*, Ninth Edition, Addison-Wesley Longman.

第 三 章

總體均衡簡論

　　總體經濟均衡奠基於總供給與總需求之市場機能，決定出國民所得與物價水準。增加總供給與總需求，都可提高所得，但對物價之影響各異，與長期之情況各有不同。本章第一節先簡述總體經濟中各主要市場，第二、三節各為總供給與總需求，第四節為總體均衡之達成與變動，第五節為短期與長期特例。

架構圖 3 ── 總體均衡簡論

總供需
- 總體經濟市場 (3.1)
- 總供給 (3.2)
- 總需求 (3.3)
- 總體均衡 (3.4)
- 總體均衡之長短期分析 (3.5)

3.1　總體經濟市場

　　總體經濟包括種種不同的市場，在總體模型分析時，為便於分析起見，常簡化成數個主要市場如下：

㈠商品市場

　　商品市場指最終財貨與勞務市場，此市場之需求為社會有效總需求，供給為社會總生產，透過社會總需求與總供給，決定出均衡所得與均衡物價。

㈡勞動市場

　　總體經濟分析中，往往以勞動市場代表主要生產要素。勞動市場有其供給與需求，由供給與需求決定了均衡勞動量和均衡工資率，進而透過生產函數決定社會總生產，形成社會總供給。

㈢貨幣市場

　　貨幣市場是貨幣供給與需求共同組成的，有別於實質面，乃是金融面之活動。總體經濟面引入貨幣市場後，便引入了利率與物價的決定之行為。

㈣債券市場

　　債券市場與貨幣市場均屬金融市場，貨幣強調流動性，債券強調收益性。
　　除了上述市場之外，尚有其他市場存在，以金融體系為例，除貨幣市場、債券市場之外，尚有不同金融商品市場，如股票市場、基金市場等等。若非必要，則在總體模型設立時，為求精簡，只掌握重要變數，故常在金融體系中取一個代表性市場，尤其常取貨幣市場為例，一方面可以闡釋利率的變動，另方面可以解釋物價的影響因素。
　　在分析過程中，為簡化起見，有時只取其中一個或幾個市場來探討。且依華納斯法則 (Walras' Law)，當 n 個市場總供給等於總需求，即達到總

體均衡。其中，若 (n−1) 個市場達到總均衡，即第 n 市場也是必然均衡，在分析時可以只取 (n−1) 個市場來分析。因此，有些市場在分析過程中會被省略，例如貨幣市場與債券市場乃是一體兩面，在模型中若引用貨幣市場，便常略去債券市場。

　　本章僅以商品市場作為分析重點，暫不考慮其他市場之變動。其實，任何一個市場之供需變動，均可能牽動其他市場。本章為了簡化分析，掌握重點，先自總供給與總需求的商品市場切入，提供一個簡要的分析架構，期能奠立綜觀大局的思考模式。

3.2　總供給

　　商品市場之供給，取決於社會生產函數。社會生產函數代表生產要素投入與產出之間的關係，當生產技術固定時，生產要素投入量（例如勞動量）便決定了生產量。至於生產要素投入量水準，受到廠商對勞動之需求函數以及家計部門之勞動供給函數影響。此外，無論勞動需求或供給，均會受到商品價格之影響。

　　總供給曲線 (Aggregate Supply Curve, AS) 代表產出與物價之關係，當物價愈高時，廠商之獲利愈高，其投資生產意願隨之增加，只要勞工所要求的加薪幅度不超過廠商獲利程度，則物價與產出之間呈現正向關係，如圖 3−1 之 AS 曲線所示。

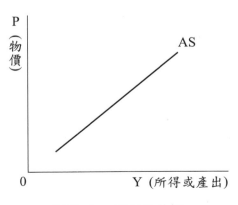

圖 3−1　總供給曲線

3.3   總需求

社會總需求即社會總支出，包括消費、投資、政府支出，以及淨輸出。至於需求面每個購買者的選擇，是在市場不同價格之變動而決定其需求量，一般而言，價格愈高需求量愈低，反之價格愈低需求量愈高，對每一個購買者而言都是一條負斜率的需求曲線，故社會水平加總的總需求曲線 (Aggregate Demand Curve, AD) 為負斜率，如圖 3-2 的 AD 曲線所示。

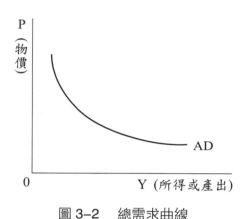

圖 3-2   總需求曲線

3.4   總體均衡

總供給與總需求導致總體均衡 (Macro Equilbrium)，決定總所得與總物價。若有外來因素影響總供給或總需求，使得 AS 或 AD 曲線移動，將影響均衡點，造成所得與物價變動。

以需求而言，任何造成總需求增加的因素，都會造成 AD 曲線右移，例如政府支出增加，將使 AD 曲線右移，圖 3-3 (B)圖顯示，AD 曲線由 AD_1 移至 AD_2，均衡點由 E_1 移至 E_2，結果所得由 Y_1 增加至 Y_2，物價由 P_1 提高至 P_2。換言之，政府增加公共支出後，可以刺激所得，但會造成物價上漲。

其他影響總需求的因素也將對總體均衡造成影響，例如增加消費，促進外銷，提高投資意願，均將影響總需求與總體均衡；而減少總需求的因素，也一樣會影響總體均衡，唯其影響方向相反。讀者可自行推演。

以總供給而言，倘若生產技術進步，可以使用較低成本便能製造較多產出，則總供給增加，AS 曲線右移，圖 3-3 (C)顯示，均衡點由 E_1 移至 E_3，所得由 Y_1 增加至 Y_3，物價由 P_1 降低至 P_3。

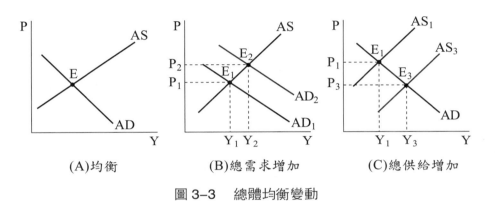

(A)均衡   (B)總需求增加   (C)總供給增加

圖 3-3　總體均衡變動

3.5　總體均衡之長短期分析

正斜率的總供給曲線，乃是一般情況下的供給曲線。而在特殊情形下，總供給曲線則不是正斜率。

在極短期時，蓋廠商不願意率先降價而降低利潤，造成價格僵固而無調整之彈性，在此價格下，每廠商自行決定其產量，社會總產量有彈性，故社會總供給曲線為水平線，如圖 3-4 (A)所示。AS 與 AD_4 相交於 E_4 點，此時若移動 AD，由 AD_4 移至 AD_5，均衡點由 E_4 移至 E_5，所得增加，物價不變。在此情形下，要增加所得的方式是透過總需求的增加來達成。

長期時，價格可以彈性變動，生產要素可完全調整，工資也可充分調整，則生產要素的就業水準將長期維持在一個接近充分就業的水準，長期總供給曲線成為垂直線，如圖 3-4 (B)所示。倘若政府設法增加總需求，AD 自 AD_6 移至 AD_7，均衡點自 E_6 移至 E_7，所得並未增加，只造成物價上漲。

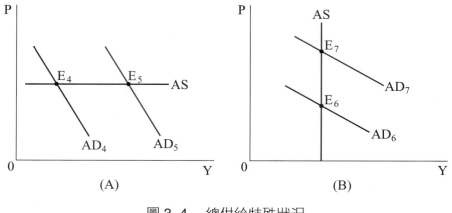

圖 3-4　總供給特殊狀況

　　由此可知，政府想用擴張支出的方式來刺激所得，需視經濟環境而定，研判 AS 與 AD 曲線之形狀，運用得宜，才有效果。

　　總體經濟學思潮曾有數度演變更迭，最早成形之經濟學派為古典學派 (Classical School)，為 19 世紀末 20 世紀初之主流思想，其認為價格具充分調整的彈性，生產要素為充分就業，其對總供給之想法接近於 AS 曲線為垂直的型態。

　　1936 年英國經濟學家凱因斯 (J. M. Keynes) 出版其巨著《就業、利息與貨幣之一般理論》(*The General Theory of Employment, Interest and Money*) 對古典學派提出強烈抨擊，並創立一套新的經濟理想，世稱凱因斯革命 (Keynesian Revolution)，並稱此學派為凱因斯學派 (Keynesian School)。此學派假設有物價調整僵固性，AS 曲線接近於水平，市場機制失去功能，需靠政府擴張有效需求支出來提振經濟。

　　在古典學派及凱因斯學派之後，繼有不同經濟思潮，包括 1970 年代諾貝爾經濟獎得主傅里德曼 (M. Friedman) 所領導的貨幣學派 (Monetarism)，1980 年代復古思潮深厚的新興古典學派 (New Classical School)，以及同時期另一群維護凱因斯思想的新興凱因斯學派 (New Keynesian School)，各學派各有不同經濟分析重點，政府主張之爭論持續不息。

　　本章僅簡略說明兩大重要經濟學派之看法，本書第四章將進一步介紹

古典與新古典學派，第五章介紹簡單凱因斯模型，在第十六章將綜合評介不同的經濟思潮。

3.6　經濟實務話題

3.6.1　政治與經濟

政治選情與經濟景氣有密切關係。往往，在總統大選與民意代表選舉期間，若經濟景氣良好，選情較有利於執政黨，若經濟景氣不好，則選情較有利於在野黨，以美國而言，從 1980 年雷根當選總統，1988 年老布希當選總統，1992 年柯林頓當選總統，2000 年小布希當選總統，皆與當時經濟景氣背景有關。

1970 年代後期，經濟成長率低落，通貨膨脹，失業率高，在野之共和黨的雷根遂脫穎而出，於 1980 年當選總統。雷根總統推出供給面經濟學 (Supply Side Economics)，從刺激供給面生產的方式著手，設法提高供給者的生產意願。其中一項方式是降低稅率，結果降稅之後，透過生產活動擴張與經濟成長，而使全國總稅收增加。此外，市場經濟發揮功能，提升效率，美國經濟維持景氣情勢。這種經濟景氣的態勢，使得雷根順利地贏得 1984 年大選連任。

繼雷根總統之後，共和黨承其優勢，布希總統於 1988 年當選，上任後大致參考雷根之措施而延續其經濟政策，且外貿方面有相當進步。然而其在位期間（1990 年）通過「新防止空氣汙染法案」，本意是改善環境保護，但也使民間企業遭受很大的損失。此外，由於長期以來儲蓄率過低，政府開支過大，美國經濟漸趨衰退，使得布希支持度逐漸下跌。雖然，布希在 1991 年帶領美國贏得波斯灣戰爭，但是衰退的經濟使共和黨喪失選票，布希於 1992 年競選連任失敗，改由民主黨奪冠，柯林頓上臺執政。柯林頓上臺後，美國經濟邁向「新經濟」(New Economy) 時代，標榜知識經濟 (Knowledge Economy) 的重要性，這為柯林頓執政的兩任八年奠下了順利的基石。

資料來源：〈雷根、布希經濟政策的功與過及美國重新崛起的背景〉
http://mail2.scu.edu.tw/～u7501118/U4.htm

　　1990 年代，美國工人實質工資日益惡化，同時面對經濟衰退的壓力與外來競爭對手的強大威脅，促使美國重新思考政策方向。於是柯林頓總統於 1993 年 2 月上臺時，即公布了一份新技術政策報告——「發展美國經濟的新方向：技術為美國經濟成長之原動力」，美國經濟自 1993 年以來，每年實質成長率平均高達 3.6%，此次的景氣擴張期更已破了 1960 年代連續 106 個月的紀錄。而此次的景氣擴張和以前最大的不同在於，伴隨著經濟連年成長，美國國內通貨膨脹率卻能不超過 3%，1998 年更低至 1.6%，許多人遂將美國經濟這些年的表現，以「新經濟」來形容。

　　美國隨時都在政黨輪替，他們政府也管理的不錯，那麼政黨輪替是否對經濟就不會有影響了呢？其實不然，因為經濟景氣與否是關係著民眾生活的好壞與工作的有無等等，執政黨經濟表現可說是決定能否連任的最主要因素之一。例如 1991 年初，老布希總統在波斯灣戰爭中大獲全勝，民意支持度超過九成，但在年底大選中卻敗給了柯林頓總統，理由無他，就是因為美國經濟表現太差之故。因此，美國總統在面臨選舉的前一兩年，通常都會採取寬鬆的財政政策與貨幣政策以刺激景氣；而等到勝選之後，再採取較緊的政策，以彌補選前的放鬆。因此我們經常看到景氣會隨著大選而時好時壞，此種現象在經濟學上稱之為「政治景氣循環」(Political Business Cycle)。

資料來源：林祖嘉 (2003)，〈政黨輪替與經濟發展之關係〉，財團法人國家政策研究基金會
http://www.npf.org.tw/PUBLICATION/TE/092/TE-B-092-014.htm

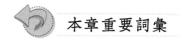 本章重要詞彙

總供給 (Aggregate Supply)　　　　　總需求 (Aggregate Demand)

總體均衡 (Macro Equilibrium)　　　　古典學派 (Classical School)

凱因斯學派 (Keynesian School)　　　貨幣學派 (Monetarism)

新興古典學派 (New Classical School)

新興凱因斯學派 (New Keynesian School)

 本章練習題

1. 政府鼓勵民間多消費，對總需求曲線有何影響？對所得與物價有何影響？

2. 生產技術進步時，對總供給影響為何？對所得與物價影響為何？

3. 老布希總統贏得 1991 年波斯灣戰爭，為何連任失敗？

4. 政府發行「國民旅遊卡」可對總體經濟產生什麼影響？

 本章參考文獻

1. 林祖嘉 (2003)，〈政黨輪替與經濟發展之關係〉，財團法人國家政策研究基金會，8 月 21 日。

2. 莊奕琦 (2001)，《總體經濟學》，第三章，智勝文化。

3. 楊雅惠 (2000)，《貨幣銀行學》，增訂新版，三民書局。

第 四 章

古典學派與新古典學派

　　古典學派是經濟學之發軔，依賽伊法則而保證長期供需相等與充分就業；新古典學派則納入邊際分析，強調市場機制中的價格機制。價格變動率取決於貨幣供給增加率，不受實質面影響，即貨幣中立性。本章在第一節為古典學派的總供需與賽伊法則，第二節與第三節為新古典學派之實質面與貨幣面分析，第四節概述古典學派與新古典學派之思潮。

架構圖 4 ── 古典學派與新古典學派

古典學派與新古典學派 ┤ 古典學派總供需與賽伊法則 (4.1)

新古典學派之實質面 (4.2)

古典學派與新古典學派之貨幣面 (4.3)

古典學派與新古典學派思潮簡述 (4.4)

4.1　古典學派總供需與賽伊法則

4.1.1　古典學派的基本假設

有人類活動即有經濟行為、有交易市場。一般常把亞當史密斯 (Adam Smith) 視為經濟學之父，蓋他出版了一本《國富論》(*The Wealth of Nation*)，對於經濟活動本質與市場機能有相當討論。自此展開許多經濟觀念的討論，蔚為一個學派，稱為古典學派 (Classical School)。

在分析古典模型之前，先歸納其相關的基本假設如下：

1. 所有市場結構均為完全競爭

此假設所有市場結構均為完全競爭，要素、商品市場皆可透過價格機能而達到均衡，而家戶單位與廠商則均為要素及商品價格的價格接受者。

2. 所有經濟個體均在追求私利的極大

家戶單位會追求效用極大化，而廠商則會追求利潤的極大；換言之，經濟個體的行為都滿足最適化情況，限制條件下的私利極大化。

3. 所有經濟個體對價格都具有完全預知 (Perfect Foresight) 的能力

無論是家戶單位或是廠商，對財貨與要素的價格均能完全預知，亦即對價格的預期等於實際的價格。資訊是完全的。

4.1.2　賽伊法則

古典學派大師之一賽伊 (J. B. Say) 提出著名的賽伊法則 (Say's Law)，賽伊法則係指「供給自創其本身的需求」(Supply Creates Its Own Demand)，認為人們從事生產活動之目的除了供自己消費外，便是為了將其產品與他人交換物品，因此，每一筆生產價值必然會等於另一筆等額財貨的需求。按此，商品市場一定能確保均衡，同時想工作者也被保證取得報酬，得以達成充分就業。例如裁縫師每縫製一件衣服時，總是先接受訂作，針對每人需求量身訂作，有了需求方進行生產，生產出來不擔心賣不出去，不會

累積存貨，這是「供給自創需求」之一例。

4.2 新古典學派之實質面

在古典學派下，國民所得水準與其就業水準息息相關。一般情形下，勞動就業水準取決於勞動供給與需求的均衡點；長期而言，就業水準乃維持在充分就業水準。

所謂充分就業，並非意味所有有意工作者均有工作，在古典學派中，容許「自然失業率」(Natural Rate of Unemployment)，乃是在結構變遷，尋找工作過程中必然的失業現象。

古典學派原不重視價格之決定過程，但承認市場之機制。新古典學派一方面承襲古典學派之觀念，另方面在分析工具上予以加強，採用邊際分析 (Marginal Analysis) 方式❶。

本節採用已融合後的新古典學派分析方式來說明勞動市場與總體產出之關係。

4.2.1 生產函數

古典學派與新古典學派強調供給面分析，故需從供給面的生產函數開始分析。

生產函數示如下式：

$$Y = Y(N, K) \tag{1}$$

$$MP_N = \frac{\partial Y}{\partial N} > 0, \ MP_{NN} = \frac{\partial MP_N}{\partial N} < 0$$

$$MP_K = \frac{\partial Y}{\partial K} > 0, \ MP_{KK} = \frac{\partial MP_K}{\partial K} < 0$$

---

❶ 每一個經濟個體在決定一個經濟行為時，會衡量該決策所帶來的影響。每一個變數增加一單位時，所造成的其他變數之變動，帶給決策者對成本與效益的不同衡量，據以做成決策，稱為邊際分析，常用到微分之數學技巧工具。

其中 Y 表示實質產出量，N 為勞動量，K 為資本量，Y 的變動受到 N 與 K 之影響。MP_N 為勞動邊際生產力，即每變動一單位勞動所增加的產量，MP_{NN} 為勞動邊際生產力的變動率，即每增加一單位勞動所造成的勞動邊際生產力之改變；MP_K 為資本邊際生產量，MP_{KK} 為每增加一單位資本所造成的邊際產量之變動。長期時，N 與 K 均可調整變動；短期時，假設資本量不會快速調整，令 $K=K_0$，而勞動量 N 可以隨時調整，故短期生產函數可示為：

$$Y = Y(N, K_0)$$

K_0 表示固定的資本存量。而 $MP_N>0$ 表示勞動的邊際產量為正；$MP_{NN}<0$ 則表示勞動的邊際產量遞減。因此，總產出如圖 4–1 所示，其中 A、B 兩點的切線斜率，表示出 A、B 兩點的邊際產量，可藉此看出當勞動由 N_a 增至 N_b 時，由於切線斜率變小，故勞動的邊際產量會變小。

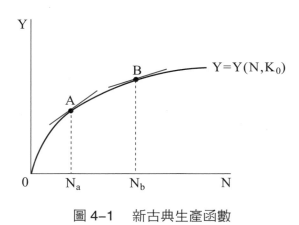

圖 4–1　新古典生產函數

4.2.2　勞動需求函數

生產函數背後，引申出對勞動市場之需求，故需進一步討論勞動市場。所謂引申性需求 (Derived Demand) 是指：因為廠商在生產過程中需用到勞力，因此對勞動有所需求，這種需求屬於引申性需求。勞動需求為引申性

需求，在既定資本存量 (K_0) 之下，根據工資與物價來決定勞動需求：

$$N^d = N^d(\frac{W}{P}, K_0) \qquad\qquad (2)$$

式中 W、P 各代表名目工資與物價，W/P 為實質工資。勞動需求為實質工資之減函數，實質工資愈高，勞動需求愈少，故勞動需求曲線為負斜率，如圖 4-2 所示。

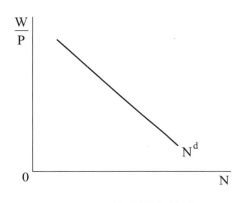

圖 4-2　勞動需求曲線

廠商會比較雇用勞動量的收益與成本，若收益大於成本，會增加勞動雇用量；若成本大於收益，會減少勞動雇用量，最後在成本等於收益時，決定均衡勞動雇用量水準。雇用每單位勞動量之成本即為工資 W，雇用每單位勞動量之收益即所生產出來的產品所銷售之金額，即勞動邊際生產力 $\frac{\partial Y}{\partial N}$ 乘以商品價格 P，均衡時：

$$W = \frac{\partial Y}{\partial N} \times P$$

進一步整理：

$$\frac{W}{P} = \frac{\partial Y}{\partial N} = MP_N$$

此式表示出：在均衡狀態下，實質工資等於勞動邊際生產力。

4.2.3   勞動供給函數

勞動供給函數如:

$$N^s = N^s(\frac{W}{P})\tag{3}$$

勞動供給為實質工資之增函數,實質工資愈高,工作意願提高,勞動供給愈多,故圖 4–3 的勞動供給曲線為正斜率。

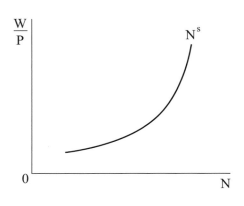

圖 4–3   勞動供給曲線

4.2.4   勞動市場均衡與總產出

勞動市場的均衡條件為勞動供給等於勞動需求:

$$N^s = N^d\tag{4}$$

將(2)、(3)兩式代入(4)便可求出均衡實質工資 $(\frac{W}{P})^*$ 與就業量 N^*,見圖 4–4 之下圖,顯示勞動供需均衡下所決定出來的實質工資 $(\frac{W}{P})^*$ 與就業量 N^*。

由勞動市場再進一步推出總產出。根據均衡就業量 N^*,代入(1)式中,可得出均衡所得,如圖 4–4 中的 Y^*。

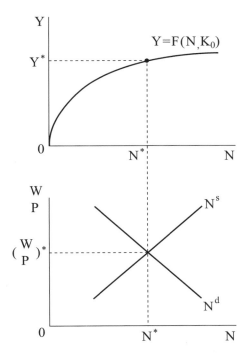

圖 4-4　勞動市場均衡與總產出

4.3　古典學派與新古典學派之貨幣面

前面介紹了新古典學派的實質面可決定實質產出、就業量、實質工資等主要實質變數；本段將介紹古典學派與新古典學派的貨幣面，以決定一個重要的貨幣變數，即物價水準 P。

4.3.1　交易方程式與貨幣數量說

古典學派主張貨幣的主要功能在於交易，為說明交易與貨幣的關係，最具代表性的方式為交易方程式 (Equation of Exchange) 與貨幣數量說 (Quantity Theory of Money)。

以圖 4-5 為例，甲向乙購買 1 元的麵包，乙向丙購買了 1 元的水果，丙向甲買了 1 元飲料，這三筆交易額 (P×T) 雖等於 3 元，卻只需要一張 1 元鈔票，在三人間流通三次 (V=3)，也就是說 M×V=3。而 M×V 總值必等於

P×T，即 M×V=P×T。

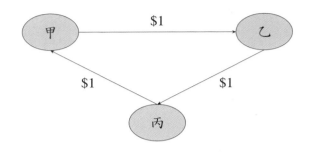

圖 4-5　貨幣之流通

費雪 (I. Fisher) 的交易方程式為：

$$MV_T = PT$$

其中 M 為貨幣供給量，V_T 為貨幣流通速度。P 為物價，T 為交易量。古典學派的貨幣理論重心為貨幣數量說，貨幣數量方程式如下式：

$$MV_Y = PY$$

式中 M 為貨幣數量，V_Y 為貨幣流通速度。P 為物價，Y 為所得。此式可視為恆等式，亦可視為均衡式。以事後 (Ex Post) 統計的觀念來看，上式為一恆等式，而以事前 (Ex Ante) 的觀念來看，則代表總供需之均衡式。所謂事前是指經濟交易未達成之前，無論供給或需求行為尚在規劃階段；所謂事後是指經濟交易達成之後。MV_Y 代表多次運用貨幣於購置最終商品與勞務之總值，是總需求之概念；PY 是名目所得總值，是代表產出的總供給概念；等式左右兩邊相等，即是總供需之均衡。

交易方程式與貨幣數量說有異曲同工之妙，前者強調交易，後者強調所得，在運用上，有相通之處。鑑於實際交際次數不易測度，實際上常用貨幣數量方程式，取其所得較易測度之故。方程式亦常以 MV=PY 來表示。

劍橋學派 (Cambridge School) 把貨幣數量說加以運用調整，解釋貨幣

需求行為。此學派的代表性人物為英國的馬歇爾 (A. Marshall)，他提出的貨幣需求方程式為：

$$M = kPY$$

式中 k 與貨幣數量說中的貨幣流通速度 V 正好成反比：

$$k = \frac{1}{V}$$

4.3.2 貨幣中立性

古典學派認為當實質產出 Y 維持在充分就業產出水準及 V 為固定之假設下，貨幣供給量的增加會造成物價作同方向、同比例的變動。此一論點由貨幣數量方程式取 "log" 再全微分，可得：

$$\frac{dM}{M} = \frac{dP}{P} ❷$$

在 V 與 Y 維持不變的前提下，物價會與貨幣供給量作同方向、同比例的變動。

在此推理下，物價上漲率等於貨幣供給增加率，則貨幣供給變動的影響全部反映在物價上，不會造成所得之變動，貨幣面如同經濟體中的一層面紗，物價只是隨貨幣量而變動而已，在實際經濟的變動中扮演著中立的角色，故稱為貨幣中立性 (Neutrality of Money)。

4.3.3 總供需

嚴格來說，古典學派中並沒有總需求曲線 (Aggregate Demand Curve, AD)，因為賽伊法則主張供給可創造本身的需求。供給與需求並未分別決

---

❷ MV = PY，取 log 形式，lnM + lnV = lnP + lnY

取微分，dlnM + dlnV = dlnP + dlnY，即 $\frac{dM}{M} + \frac{dV}{V} = \frac{dP}{P} + \frac{dY}{Y}$

令 dV = 0，dY = 0，則 $\frac{dM}{M} = \frac{dP}{P}$

定，而是同時決定的，若為了與其他學派比較，一定要提出需求面時，晚近學者，多以下式作為古典學派的 AD 線：

$$MV = PY$$

式中 M 為貨幣供給量，V 為貨幣流通速度，P 為物價，Y 為所得，而當貨幣供給增加時，MV 增加，AD 線會右移。

4.4 古典學派與新古典學派思潮簡述

4.4.1 古典學派

經濟學之學派甚多，在不同時期、不同背景、不同發展階段，醞釀出不同的學派與思潮。最早的經濟學學派稱為古典學派 (Classical School)。古典學派視市場價格機能為市場運作的動力，主張只要透過工資或物價的充分調整，市場便可達到充分就業的結果。政府扮演的只是建立安穩政治體系環境的角色，對市場經濟活動應儘可能的不要干預。這種「自由放任」(Laissez Faire) 的理念，是古典學派的一大重點。

古典學派始自於亞當史密斯於 1790 年發表《國富論》，其認為：每個個體追求自己利益極大化，會發揮出生產效率，把資源做最有效率的運用；整個國家財富是每個人財富之加總，加總之後的利益則是國家利益極大化，可使國家財富做最多的累積。Adam Smith 成為經濟學之鼻祖之後，許多經濟學家均沿襲古典學派思想。例如：賽伊 (J. B. Say)、李嘉圖 (D. Ricardo)、彌爾 (J. S. Mill) 等，其研究重心為經濟成長。自彌爾到凱因斯時期的古典學派經濟學家，如馬歇爾 (A. Marshall)、皮古 (A. C. Pigou) 及費雪 (I. Fisher) 等，則以探討特定時點的價格值決定理論為主，這一時期的古典學派被某些人稱為新古典學派 (Neo-classical school)。但也有學者將這兩派統稱為古典學派。

4.4.2　新古典學派

新古典學派相對於古典學派，在觀念上有延續，在分析工具上則有更新。以分析工具更新的角度而言，新古典學派採用了邊際分析 (Marginal Analysis)，用於闡釋經濟行為，故有別於古典學派。新古典學派用量化的邊際分析法，解釋邊際效用（每增加一單位消費品所增加的效用）、邊際生產力（每增加一單位生產要素所增加的產量）等觀念，認為經濟行為乃是在追求最適化目標下的選擇，並以量化分析法具體連結各經濟變數之間的關係。

英國 A. Marshall（1842～1924）領軍的「劍橋學派」(Cambridge School)，融合古典 J. S. Mill 的成果與新古典學派邊際分析，為總體經濟提供「個體基礎」。劍橋學派 Marshall 在古典與新古典間所聯結的理論，就是將邊際學派的價格理論特質，運用於古典學派的所得理論中。

4.5　經濟實務話題

4.5.1　臺灣貨幣流通速度

貨幣數量說要能成立，必須假設 Y 與 V 固定。在賽伊法則下，Y 確能保持充分就業產出水準下而不變，而 V 是否會變動呢？這就應檢視 V 值受何影響了。一般來說，V 受體系中的制度影響較深，如支付習慣、發薪週期、金融制度等，都會影響 V 值大小，這些制度面的因素在短期內是不易變化的，因此至少在短期下主張 V 值不變還是可以被接受的。

貨幣流通速度可用貨幣數量說之方程式來推導：

$$V = \frac{PY}{M}$$

至於 M 之實際數字有不同定義，分成 M1A、M1B、M2（參見第八章

第一節之說明）

　　根據歷年來不同貨幣定義所計算出來的 V 示於表 4–1，因為 M2>M1B
>M1A，故以 M2 計算出來之 V 值自然比 M1A 所計算出來的 V 值為低。在
1990 年之後，用 M1A 所計算出來的 V 有不穩定上下波動情形，用 M2 所
計算出來的 V 則呈現穩定逐年下跌的情形，M1B 之波動程度則介於其間。

表 4–1　不同貨幣定義下之貨幣流通速度 V 值

單位：新臺幣百萬元

年	國民所得（按市價計算）=P×Y	貨幣供給額＝M			貨幣流通速度＝V		
		M1A（期底）	M1B（期底）	M2（期底）	M=M1A	M=M1B	M=M2
1970	960,396	31,978	34,985	94,031	30.03	27.45	10.21
1975	1,465,741	111,590	131,037	325,897	13.14	11.19	4.50
1980	2,434,226	304,775	396,193	939,982	7.99	6.14	2.59
1985	3,432,982	459,832	749,504	2,588,288	7.47	4.58	1.33
1990	5,359,355	1,170,200	1,925,600	6,201,900	4.58	2.78	0.86
1991	5,764,210	1,247,400	2,158,400	7,403,000	4.62	2.67	0.78
1992	6,182,949	1,350,293	2,425,843	8,813,714	4.58	2.55	0.70
1993	6,594,262	1,525,590	2,797,140	10,170,199	4.32	2.36	0.65
1994	7,041,230	1,646,894	3,139,270	11,702,786	4.28	2.24	0.60
1995	7,485,739	1,572,730	3,163,101	12,805,365	4.76	2.37	0.58
1996	7,929,808	1,633,442	3,426,058	13,973,876	4.85	2.31	0.57
1997	8,405,669	1,710,876	3,715,252	15,094,359	4.91	2.26	0.56
1998	8,742,594	1,739,514	3,854,784	16,386,722	5.03	2.27	0.53
1999	9,225,965	1,969,419	4,507,180	17,745,013	4.68	2.05	0.52
2000	9,801,952	1,902,646	4,492,072	18,897,797	5.15	2.18	0.52
2001	9,639,673	1,918,689	5,025,860	19,736,946	5.02	1.92	0.49
2002	10,063,254	2,090,500	5,491,600	20,247,000	4.81	1.83	0.50
2003	10,478,086	2,524,700	6,552,800	21,425,500	4.15	1.60	0.49
2004	11,101,787	2,777,900	7,368,000	23,001,200	4.00	1.51	0.48

資料來源：　1.國民所得：〈國民生產與國民所得──按 2001 年價格計算〉，《國民經濟動向季
　　　報》，108 期，2005 年 2 月，行政院主計處。
　　　　2.貨幣供給額：〈重要金融指標〉，中央銀行。
　　　　3.貨幣流通速度：本書計算而得，V=P×Y/M。

本章重要詞彙

賽伊法則 (Say's Law)　　　　　　交易方程式 (Equation of Exchange)

貨幣數量說 (Quantity Theory of Money)　貨幣中立性 (Neutrality of Money)

古典學派 (Classical School)　　　新古典學派 (Neo-classical School)

邊際分析 (Marginal Analysis)

 本章練習題

1. 請說明賽伊法則以及其所衍生之經濟意義。

2. 何謂貨幣中立性？

3. 請闡述古典學派與新古典學派之關係。

4. 我國以不同貨幣定義所計得之貨幣流通速度有何變動趨勢？

 本章參考文獻

1. 陳師孟 (1990)，《總體經濟演義》，翰蘆圖書。

2. 楊雲明 (1999)，《總體經濟學》，智勝文化。

3. Mair, Douglas and Miller, Anne G., eds.(1991), *A Modern Guide to Economic Thought: An Introduction to Comparative Schools of Thought in Economics.*, Aldershot, U.K.: Elgar.

第 五 章

簡單凱因斯模型：
所得支用模型與乘數

　　凱因斯學派強調有效需求，由有效需求來決定所得水準。簡單凱因斯模型運用簡單的總支出變數，決定出均衡所得，有效需求增加時，對所得會產生某一倍數的促進，有乘數作用。此分析可自簡單模型開始，有效需求只考慮民間部門，繼而擴充而加入政府部門與貿易部門。本章第一節為簡單凱因斯模型之背景，第二節為基本模型，第三節為乘數，第四、五節逐次加入政府部門與國際貿易部門考量。

架構圖 5 —— 簡單凱因斯模型：
所得支用模型與乘數

簡單凱因斯模型
- 凱因斯模型之背景 (5.1)
- 簡單兩部門基本模型 (5.2)
- 乘數 (5.3)
- 加入政府部門之考量 (5.4)
- 加入國際貿易部門之考量 (5.5)

5.1   凱因斯模型之背景

所謂凱因斯模型，在經濟學上舉足輕重，乃是凱因斯在 1930 年代經濟大蕭條時期所提出的經濟理念。經濟大蕭條時，股市大崩潰，多家金融機構倒閉，市場機能無法發揮作用。換言之，古典學派的市場理論無法繼續運作，導致經濟與金融陷入恐慌。

凱因斯革命起自於其於 1936 年時所出版的書《就業、利息與貨幣之一般理論》(*The Gneral Theory of Employment, Interest and Money*)，不再服膺古典學派之經濟思潮，認為增加有效需求才能增加所得。提出政府應該介入市場運作，運用公共政策，如財政政策與貨幣政策工具，試圖增加有效需求，作為提振經濟、促進所得的方式。

凱因斯發行此著之後，引發熱烈討論。鑑於古典學派對於解決當時問題已束手無策，凱因斯思想得到重視，政府著手推行公共政策，刺激景氣而度過經濟蕭條之困境。隨後，多位經濟學者亦跟隨凱因斯理念，將之進一步擴充、發揚光大，如希克斯 (Hicks)、韓森 (Hansen) 等人，蔚為凱因斯學派 (Keynesian School)。

凱因斯學派較重視總需求分析，不重視總供給行為。本章全自總需求行為分析著手，以總需求水準來決定總所得。

5.2   簡單兩部門基本模型

凱因斯學派創導的所得支用模型，也是總體經濟理論最基本的模型，得以決定出均衡所得。

完整的國民所得帳應包括消費、投資、政府支出與貿易收支，本節為簡化起見，暫且忽略政府與國際貿易行為，假定家戶的消費支出與企業的投資支出是國民所得全部構成因子，用 Y 代表國民所得，C 及 I 分別代表消費與投資，國民所得等於總支出的均衡條件便是 Y=C+I。

　　假設投資為已知數，不受所得影響。消費則隨所得上升而增加。凱因斯認為每當所得增加一單位所引起消費之增加，呈固定比率，其必大於零而小於一，一般將之稱為邊際消費傾向 (Marginal Propensity To Consume, MPC)。如果用 b 代表 MPC，ΔY 及 ΔC 分別代表所得的增加量及消費的增加量，$b = \Delta C / \Delta Y$。例如每當人們所得增加 100 元，他們平均言之願意增加消費支出 60 元，剩餘的 40 元則儲蓄起來增加自己的財富，那麼邊際消費傾向就等於 0.6。同時邊際儲蓄傾向 (Marginal Propensity to Save, MPS) 為 0.4。以符號表示如下：

$$MPC = \Delta C / \Delta Y$$
$$MPS = \Delta S / \Delta Y$$

因 $\Delta Y = \Delta C + \Delta S$，故：

$$MPC + MPS = 1$$

　　一般消費有最起碼的基本水準，即使沒有所得也需要該起碼之基本消費，我們用常數項 "a" 代表。如此，我們建立了消費與所得之間的函數關係，成立消費方程式 $C = a + bY$。式中 Y 的係數 "b" 為邊際消費傾向。用圖 5–1 的縱軸衡量消費，橫軸標示所得，這個消費方程式表現在圖中就是一條自左向右上升的直線 C。

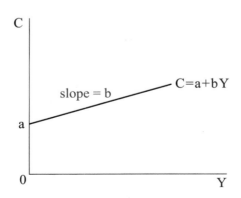

圖 5–1　凱因斯之消費函數

消費函數 C=a+bY 與縱軸交點處之 a 點顯示: 所得水準縱然為零, 人們仍有 a 數額的消費支出; 此為基本消費水準, 乃維持生活之最低消費需求; 至於所得增加時, 消費也會增加, 其比例為 b, b 也代表直線 C 的斜率, b 值愈大斜率也愈大。但因邊際消費傾向必小於一, 故 C 直線之斜率必小於 45° 對角線。

總之, 下述方程式表示消費與所得之關係:

$$Y = C + I$$
$$C = a + bY$$
$$a > 0, 0 < b < 1$$
$$I = I_0$$

現在將 $I=I_0$ (I_0 為某一固定投資) 及 C=a+bY 兩式代入均衡所得決定式 Y=C+I 中, 則:

$$Y = a + bY + I_0$$

可解出均衡所得:

$$Y = \frac{a}{1-b} + \frac{I_0}{1-b}$$

消費加投資之曲線, 即總支出 (Aggregate Expenditure, AE) C+I, 示於圖 5-2。為表示 Y=C+I 之關係, 圖中作一條 45° 線, 代表縱軸總支出等於橫軸之所得 (AE=Y)。此 45° 線與 C+I 之交點, 即表示總所得等於總支出, Y=C+I, 如圖中 E 點, 得到 Y^*, 此為均衡所得。

若投資增加, 如圖 5-2 (B), 投資由 I_0 增至 I_1, 均衡點由 E_0 移至 E_1, 所得由 Y_0 增至 Y_1。

同理可知, 如果消費水準也增加, 均衡點會再上移, 所得會再增加。

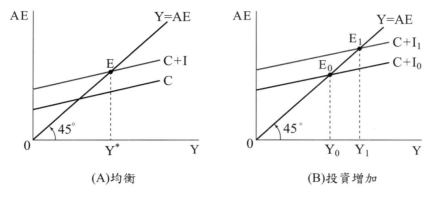

(A)均衡　　　　　　　　　　　(B)投資增加

圖 5-2　凱因斯均衡

以上為所得支出面之分析，若由所得處分面來看，未消費之所得稱為儲蓄：

$$S = Y - C$$

由於 $C = a + bY$，故：

$$S = -a + (1 - b) Y$$

示於圖 5–3 ⒝。在均衡情形下，由於 $Y = C + I$，$Y = C + S$，故：

$$S = I$$

儲蓄與投資均衡關係，如圖 5–3 ⒝所示，即 S 曲線與 I 曲線交點。若投資 I 由 I_1 增加至 I_2 時，⒜圖均衡點由 E_1 移至 E_2，⒝圖均衡點由 Q_1 移至 Q_2，所得由 Y_1 移至 Y_2。換言之，投資愈多，則所得愈高。

儲蓄增加時，儲蓄曲線上移，圖 5–4 中，S_1 曲線上移至 S_2，所得由Y_1降低至 Y_2。可見，儲蓄增加之後，所得不但沒有增加，反而減少，這與以往強調「節儉是美德」、「勤儉可以致富」的觀念大相逕庭，稱為「節儉的矛盾」(Paradox of Thrift)。

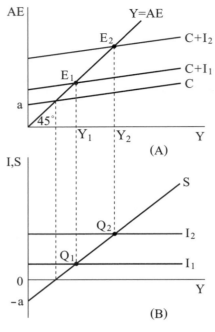

圖 5–3　投資、儲蓄與所得

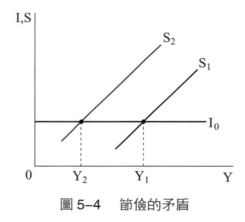

圖 5–4　節儉的矛盾

5.3　乘　數

　　投資增加會造成成本增加，而所得增加的幅度，是投資增加數的某種倍數，此倍數稱之為乘數 (Multiplier)，即 $\Delta Y / \Delta I = \text{Multiplier}$。

　　當乘數作用充分發揮了其作用後，一特定金額的投資增加，終於會創造某一倍數的所得增加，而使國民所得由原來的均衡移至另一個新的均衡，這便是經濟發展的過程。這種觀念可以衍生到：任何自發性支出增加造成有效需求變動均可引發乘數效果，稱為自發性支出乘數 (Autonomous Expenditure Multiplier)。

　　乘數效果之過程可詳細解釋如下：

　　本次增加之投資支出 ΔI 必構成社會上新增所得 ΔY_1：

$$\Delta Y_1 = \Delta I$$

　　新增所得 ΔY_1 必按 MPC 增加其消費支出 ΔC_1：

$$\Delta C_1 = b\Delta Y_1$$

　　收到消費品支出的生產者之所得因而增加 ΔY_2：

$$\Delta Y_2 = \Delta C_1 = b\Delta I$$

　　增加 ΔY_2 者，也會按 MPC 增加本身的消費 ΔC_2：

$$\Delta C_2 = b\Delta Y_2$$

　　於是又構成另一批人所得與消費之增加：

$$\Delta Y_3 = b\Delta C_2 = b^2\Delta I,$$
$$\Delta Y_4 = b\Delta Y_2 = b^3\Delta I,$$
$$\Delta Y_5 = b^4\Delta I,$$
$$\Delta Y_6 = b^5\Delta I$$
$$\vdots$$
$$\Delta Y_n = b^{n-1}\Delta I$$

　　這種連鎖反應一直繼續下去，$n\to\infty$。

$$\sum_{i=1}^{\infty} \Delta Y_i = \Delta Y_1 + \Delta Y_2 + \cdots$$
$$= \Delta I + b\Delta I + b^2\Delta I + b^3\Delta I + \cdots$$
$$= \Delta I \frac{1}{1-b}$$

這個動態過程示於圖 5–5，$\overline{BC}=\Delta Y_1$，$\overline{DE}=\Delta Y_2$。如此重複循環累計下去，路徑為：A → B → C → D → E → F →……→ Z。最後到達 Z 點時，即得出最後累積出來的總所得。

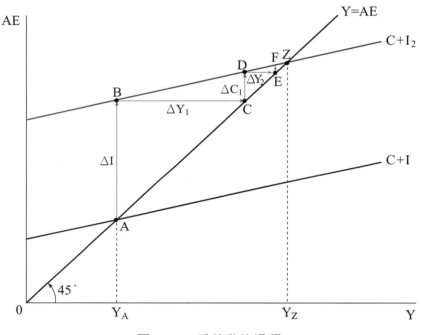

圖 5–5　乘數動態過程

最後所得將達到 Z 點所對應之 Y_Z 而穩定不變。$Y_Z - Y_A = \Delta Y$ 便是全社會國民所得因為投資增加後，產生了乘數效果而增加的數額。

解釋投資乘數可舉例如下：由簡單凱因斯模型可知，所得為消費加投資，即：

$$Y = C + I$$

故：

$$\Delta Y = \Delta C + \Delta I$$

這表示所得增加的來源有二，即消費增加與投資增加。反過來說，消費增加與投資增加均可使所得增加。假定在一個經濟體系裡面，有了 100 億元的自發性投資增加 (Autonomous Increment in Investment)，則這 100 億元首先成為所得的增加。這 100 億元所得的增加，又必引起消費的增加。假定邊際消費傾向為 0.8，則消費增加為 80 億元，這 80 億元消費增加又成為所得增加，於是引起 64 億元的消費的增加，這些增加的數列可列示如下：

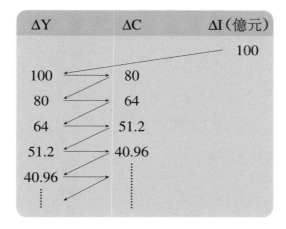

所得額增加為：

$$\Delta Y = 100 + 80 + 64 + 51.2 + 40.96 + \cdots$$
$$= 100(1 + 0.8 + 0.8^2 + 0.8^3 + 0.8^4 + \cdots)$$
$$= 100 \frac{1}{1 - 0.8} = 100 \times 5 = 500$$

故所得增加額為 500 億元，而乘數為 5。

乘數值為：

$$k = \frac{\Delta Y}{\Delta I} = \frac{1}{1 - MPC}$$

邊際消費傾向愈大，乘數愈大 ❶。

5.4　加入政府部門之考量

　　將前述簡化之模型進一步擴充，改成完整的模型。首先加入政府部門，假設政府稅收並非所得稅，不隨所得改變，以 T 代表。至於政府支出則以 G 代表。可支配所得 Y_d 為扣除租稅後之所得，$Y_d = Y - T$，消費支出依可支配所得而定。新的消費函數為：

$$C = a + b(Y - T)$$

　　總支出項目中 $I = I_0$、$G = G_0$ 及 a 皆由外生因素事先決定。代入 $Y = C + I + G$ 可得：

$$Y = a + b(Y - T) + I_0 + G_0$$

　　故解出均衡所得之值為：

$$Y^* = \frac{a}{1-b} + \frac{I_0}{1-b} + \frac{G_0 - bT}{1-b}$$

　　政府支出乘數與稅收乘數之值為：

---

❶　令 $MPC = b$, $MPS = s$,

　　$k = 1 + b^1 + b^2 + b^3 + \cdots + b^n$,

　　$B = bk = b^1 + b^2 + b^3 + \cdots + b^n + b^{n+1}$

　　兩式相減右方僅剩下 $1 - b^{n+1}$,

　　$k - B = k - bk = 1 - b^{n+1}$,

　　故 $k(1 - b) = 1 - b^{n+1}$,

　　$k = \frac{1}{1-b} - \frac{b^{n+1}}{1-b}$

　　因 $b < 1$，當 $n \to \infty$，第二項之值趨近於 0，故乘數：

　　$k = \frac{1}{1-b} = \frac{1}{s} > 1$。

$$政府支出乘數 = \frac{\Delta Y}{\Delta G} = \frac{1}{1-b} = \frac{\Delta Y}{\Delta I} = 投資乘數$$

$$稅收乘數 = \frac{\Delta Y}{\Delta T} = \frac{-b}{1-b}$$

政府支出所創造所得之乘數，與投資所創造之乘數，是相同的。分母均為 1–b，即 1–MPC（MPC 為邊際消費傾向），分子為 1。至於政府增稅所造成所得之變動，則為負向，分母亦為 1–MPC，分子則為 –MPC。

如果 G=T，而且 ∆G=∆T，則表示平衡政府預算，此時對所得之總影響為：

$$\begin{aligned}
\frac{\Delta Y}{\Delta G} + \frac{\Delta Y}{\Delta T} &= \frac{1}{1-b} + \frac{-b}{1-b} \\
&= \frac{1}{1-MPC} - \frac{MPC}{1-MPC} \\
&= \frac{1-MPC}{1-MPC} \\
&= 1
\end{aligned}$$

政府平衡預算乘數 (Balance Budget Multiplier) 為 1。換言之，若政府增加支出同時也增加稅收，財政支出增加額等於稅收增加額，預算平衡，則會造成所得增加，增加幅度等於財政支出增加額，也等於稅收增加額。

如果政府稅制是所得稅，$T=t_0+t_1Y$，t_0 為固定稅賦，t_1 為所得稅，則可支配所得為：

$$Y_d = Y - T = Y - (t_0 + t_1Y)$$

消費函數為：

$$C = a + b(Y - t_0 - t_1Y)$$

故均衡所得之值為：

$$Y = \frac{a}{1-b(1-t_1)} + \frac{I_0}{1-b(1-t_1)} + \frac{G_0 - bt_0}{1-b(1-t_1)}$$

政府支出乘數為：

$$\frac{\Delta Y}{\Delta G} = \frac{1}{1 - b(1 - t_1)}$$

5.5   加入國際貿易部門之考量

現在我們將在模型中進一步引入對外貿易部門，觀察對外貿易行為如何影響經濟活動水準。

以 X 代表輸出，Im 代表輸入，X 可視為由外在因素決定，$X = X_0$，輸入方程式為 $Im = z_0 + zY$，式中 z 為邊際輸入傾向 (Marginal Propensity to Import, MPI)，z_0 為自發性輸入。代入所得支用方程式：$Y = C + I + G + X - Im$ 可得：

$$Y = (a + bY) + I_0 + G_0 + X_0 - (z_0 + zY)$$

化簡後可得：

$$Y = \frac{1}{1 - b + z}(a + I_0 + G_0 + X_0 - z_0) = \frac{1}{1 - b + z} \cdot A$$

式中 $\frac{1}{1 - b + z}$ 為自發性支出乘數，A 為自發性項目總合。

5.6   經濟實務話題

5.6.1   刺激消費以促進成長

報導一：刺激消費，公務員強制休假延為每年十四天

為刺激公務員消費，提振國內景氣並發展國人旅遊，行政院院會通過人事局所提公務人員休假改進措施，將每年強制休假七天的規定延長為十四天，未來國內旅遊的補助上限，由 8,000 元提高至 16,000 元，並限定補助公務員國內旅遊只在週一至週五的離峰時段，國外休假一律不補助。

行政院估計，公務員強制休假日數增加為十四日，政府將可因此減少

發放不休假獎金及相關的加班費，約為 7 億 5,000 萬元，主計長在院會中表示，此案影響政府財政不大，實質意義在於刺激消費。

行政院表示為刺激國內消費，提振景氣，公務員休假補助費的核發，原則以國內休假為限，且需在週一至週五休假，國外休假一律不予補助，強制休假補助必須檢附住宿、餐飲或採購物品的單據核銷。

行政院長並表示，經建會應會同交通部及相關部會，利用國內各項具有觀光價值的活動及建設，限期提出可立即促進國內旅遊的計畫，以緩和目前的失業問題，他並要求相關部會檢討國人到東南亞旅遊價格比到墾丁旅遊便宜的問題。

資料來源：自由電子新聞網，2001 年 5 月 3 日

http://www.libertytimes.com.tw

報導二： WTO 秘書長主張亞洲國家應以刺激消費促進經濟復甦

前泰國總理 Supachai 認為，大多數國家經濟政策過度強調生產及供應層面，他主張亞洲國家應提高消費者信心以刺激消費，促進經濟復甦，並強調亞太地區國際間合作、針對日本及中國大陸等目標市場以及因應中國大陸加入 WTO 新情勢，亞洲鄰國競爭力均有待提升。至於亞洲各政府在經濟發展過程中角色定位與涉入程度之拿捏亦需取得平衡。

資料來源：智富新聞，2001 年 9 月 28 日

5.6.2　愈花錢愈富有

儒家文化薰陶下，很多人認為，節儉是美德，能省則省，勤儉持家可以致富。

把這種觀念推到整個社會，是不是大家愈節儉則國家愈富強？

錯了！錯了！

經濟學大師凱因斯早在 1930 年代就提出「節儉的矛盾」理論：指出過度節儉反而會造成經濟停滯。

這是什麼道理呢？

看看這個例子。假如你在餐廳上班，你太太在旅行社上班。

SARS 之後生意紛紛回籠，這個月你和太太領到薪水後，手牽手去逛街，買了一個時下流行的「唐先生蟠龍花瓶」。

花瓶店生意興隆，老闆收了你的錢後，眉開眼笑地為他的員工加薪，而他的員工，這個週末闔家參加你太太旅行社的旅遊團到花東旅遊，晚上回到臺北，又到你的餐廳大快朵頤。

這就是經濟活動，環環相扣，像個大齒輪。只要有買賣、有交易，資金有進有出，公司有錢進帳，你的荷包就會鼓鼓的，你太太的笑容就會始終甜美。

一旦經濟不景氣，社會上買賣交易減少，公司沒錢周轉，政府有沒有法寶？有的，政府可以考慮增加公共投資，斥資建設道路橋梁，首先帶動建築土木業。

工地領班拿到獎金，到海產店豪飲了幾杯老酒，又到百貨公司大肆採購，於是乎整個經濟循環流程又開始了。至於道路橋梁一蓋下去，又豈只建築土木業受惠，連鋼鐵業、電線電纜業……都被帶動了。

上述流程反覆循環，結果整個國家增加出來的總所得，絕不只原先政府投資的那筆金額，而是兩倍、三倍、多倍數的成長。

這麼說，是不是大家不管有沒有錢，只要花錢就一定好？當然不行，絕不能竭澤而漁。超支而造成負債，連消費能力都沒有了，更談不上累積財富了，凡事量入為出即是。

走出去吧！奢侈浪費要不得，一毛不拔也不可取。既然拔一毛可利天下，何樂而不為！開始消費、投資，社會的大齒輪就會開始運轉，經濟景氣也能提早回春。

資料來源：楊雅惠，〈論經濟糧——愈花錢愈富有〉，《聯合報》，2003 年 7 月 22 日

【思考題】：在經濟不景氣時，可用哪些方式透過消費行為來刺激景氣？其刺激
　　　　　效果可能有多少？

本章重要詞彙

邊際消費傾向 (Marginal Propensity to Consume, MPC)

邊際儲蓄傾向 (Marginal Propensity to Save, MPS)

邊際輸入傾向 (Marginal Propensity to Import, MPI)

支出乘數 (Expenditure Multiplier)

平衡預算乘數 (Balanced Budget Multiplier)

節儉的矛盾 (Paradox of Thrift)

 本章練習題

1. 何謂節儉的矛盾？

2. 政府平衡預算乘數等於多少？ 為什麼？

3. 當政府支出減少 10 億時，在簡單模型下，對所得有何影響？

4. 考慮所得稅與國際貿易後，支出乘數為何？

 本章參考文獻

1. 柳復起 (2000)，《總體經濟學》，第四章，華泰文化。

2. 郭婉容 (2000)，《總體經濟學》，第五章，三民書局。

3. Naples, Michele J. (1997), "Expenditure Multiplier, or How Recessions Become Depressions," *Journal of Post Keynesian Economics*, 19(4), pp. 511–523.

第 六 章

消費理論

　　消費行為會受到所得與利率等變數變動之影響，各理論強調之變數不同，大多以所得為主要闡釋變數，例如凱因斯消費傾向便是認為消費受當期所得影響。有些研究分析短期消費行為與長期消費行為之差別，例如某些實證顯示：短期消費函數之平均消費傾向（消費占所得之比例）會遞減，長期消費函數之平均消費傾向則維持不變。對此現象，學者各用不同理論來說明之，絕對所得假說認為每年基本消費水準會上移；相對所得假說認為消費者會觀察他人所得與以往所得來決定其消費水準，所得成長時與所得衰退時的消費傾向不同；恆常所得假說提出恆常所得觀念，消費水準取決於恆常所得；生命週期假說則分析青年、中年、老年時期的不同所得與消費趨勢，青年與老年時期的消費傾向比中年時期的消費傾向為高。至於古典學派，假設所得固定，故以利率來解釋儲蓄與消費行為；跨期選擇模型，認為利率變動會造成各期消費組合之改變。本章各節係分別評介這些消費理論。

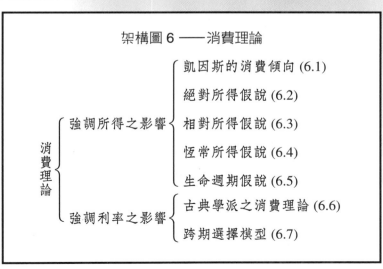

架構圖 6 —— 消費理論

消費理論
- 強調所得之影響
  - 凱因斯的消費傾向 (6.1)
  - 絕對所得假說 (6.2)
  - 相對所得假說 (6.3)
  - 恆常所得假說 (6.4)
  - 生命週期假說 (6.5)
- 強調利率之影響
  - 古典學派之消費理論 (6.6)
  - 跨期選擇模型 (6.7)

6.1　凱因斯的消費傾向

消費支出在國民所得支出中所占比例最高，是有效需求中最重要的一環。本章將討論消費行為的種種型態。

依凱因斯的消費理論，影響消費的主要變數為所得。以方程式表示如下：

按凱因斯的消費函數：

$$C = a + bY$$

與消費傾向有關的兩個觀念是邊際消費傾向與平均消費傾向。邊際消費傾向 (Marginal Propensity to Conserve, MPC)：每增加一單位所得增加之消費 ΔC。

$$MPC = \frac{\Delta C}{\Delta Y} = b$$

MPC 維持固定值，不隨著 Y 而改變。

平均消費傾向 (Average Propensity to Conserve, APC)：平均每單位所得 Y 之消費水準 C。

$$APC = \frac{C}{Y} = \frac{a + bY}{Y}$$

APC 隨著 Y 的增加而降低。

在圖上作消費函數，乃是與縱軸相交於 a 點之正斜率曲線，$C = a + bY$，如圖 6–1 所示。

上述理論是否能獲得實證支持？可以根據實證資料來檢驗。學者根據家計調查資料：同一時間低所得家庭與高所得家庭不同之消費支出，探討其與所得之關係，能適當配出凱因斯型消費方程式；此外，短期時間數列也能配出類似型態的消費方程式。但是顧志耐 (Simon Kuznets) 編製美國從

1869 年至 1940 年代長期國民所得統計資料時，發現消費方程式有如從原點出發之射線，顯然長期消費方程式為 $C=\alpha Y$ 之型式，$APC=MPC=\alpha$。如何解釋長期消費函數與短期消費函數之差別，成為美國 1950 年代經濟學界最熱門的研究主題。各家紛紛提出新學說來解釋所得與消費之間長期關係與短期關係之謎。

　　消費行為在短期與長期有不同型態，如圖 6-1 所示。短期為 AB 型態，長期為 AD 型態，消費理論在 1950 年代有特別顯著的發展，主要原因之一是經濟學家們在戰後利用美國經濟資料對消費所作的實證分析發現，短期與長期之消費函數有所不同。

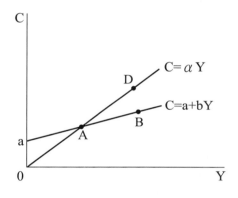

圖 6-1　短期與長期消費函數

　　一般短期消費水準係根據當期（可支配）所得水準而決定的，故又名絕對所得假說 (Absolute Income Hypothesis)。凱因斯的消費理論與顧志耐的實證均是以當期所得來解釋當期消費。後來有些學者認為消費並不單純地根據當期所得水準而決定，尚有杜森伯雷 (James Duesenberry) 的相對所得假說，傅里德曼 (Milton Friedman) 的恆常所得假說，安多 (Ando) 與莫迪格蘭尼 (Modigliani) 的生命週期假說等，以下各節將介紹之。

6.2　絕對所得假說

絕對所得假說 (Absolute Income Hypothesis) 為史密斯 (Smithies) 提出，基本上仍遵循凱因斯的消費理論，認為消費函數在短期具有截距，但是在長期時，由於其他因素的影響，使得短期消費函數隨時間而不斷上移，而在實證資料上顯示比例性的現象。我們可以用下式表示此種消費函數：

$$C = f(\alpha) + bY$$

$$0 < b < 1, \frac{df}{d\alpha} > 0$$

α：其他因素或時間

若 α 代表時間，則短期消費函數為：

$$C_i = a(\,t_i\,) + bY$$

上式之 t_i 代表不同的時點。

在此，Smithies 認為所謂的其他因素是指都市化、年齡結構的轉變、新產品的出現、消費者嗜好的改變……等因素，造成圖 6–2 中的短期消費函數不斷隨時間而上移。拓賓 (Tobin) 則認為其他的因素就指財富。

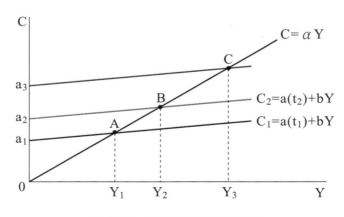

圖 6–2　絕對所得消費函數

6.3 相對所得假說

相對所得假說 (Relative Income Hypothesis) 始自於杜森伯雷 (Duesenberry) 於 1949 年所發表的《所得、儲蓄與消費行為》一書。杜森伯雷主張消費行為受兩方面影響，一為當期所得與過去最高所得之比較，另一為自己所得與他人所得之比較。

假設去年所得為 Y_j，今年所得為 Y_g，尚未超越過去最高水準，或甚至所得降低時，則人們大致仍傾向維持以前消費水準，如 G 點所示，消費減少的幅度很有限，消費曲線之斜率較為平坦；但一旦超過此最高水準，所得增加至 Y_k，則消費隨所得而增加的程度呈現長期按一定比例同步上升現象，自 J 點移至 K 點。故經濟長期成長時產生如圖 6-3 中 $C=\alpha Y$ 之長期消費函數。若所得自 J 點的 Y_j 增至 K 點的 Y_k 值時，消費便沿著此長期曲線 JK 往上移；若所得自 Y_j 降至 Y_g 時，消費便沿著較平坦的 GJ 線調整。換句話說，即是：「由儉入奢易，由奢入儉難。」

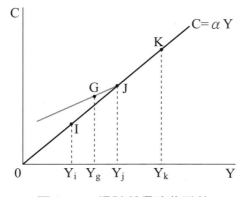

圖 6-3　相對所得消費函數

另一種相對所得之比較對象是與他人比較，當自己所得比他人為低時，消費量並不會成等比例減少，例如鄰居購買豪宅大車時，若干家庭似乎也有想向鄰居消費型態看齊的傾向，即使自己所得較低也不惜購置之。但是

所得比他人所得為高時，消費便可能依所得能力與實際需要來消費，故消費水準可能隨所得成等比例增加。

6.4　恆常所得假說

恆常所得假說 (Permanent Income Hypothesis) 由傅里德曼 (Milton Friedman) 在其名著《消費函數之理論》(*A Theory of the Consumption Function*) 中提出，試圖說明短期消費函數與長期消費函數型態差異之原因。他認為人們賺取的所得可分為兩部分，即恆常所得 (Permanent Income) 與暫時所得 (Transitory Income)。恆常所得乃是由永久性及規律性的因素決定，是長期所得的觀念，平均而言會隨社會進步、經濟發展而穩定上升，受消費者之教育背景、財富基礎等因素之影響，消費者會根據其以往及預期所得來評定其恆常所得水準，以 Y^p 為代表；另一部分暫時所得甚不規律而不可預測，受突發事件影響，乃是短期所得的觀念，這部分所得的波動也大，以 Y^t 代表。故實際所得 (Y^a) 為恆常所得 (Y^p) 加暫時所得 (Y^t) 之和：

$$Y^a = Y^p + Y^t$$

恆常所得可謂為消費者之平均所得，暫時所得可能為正值也可能為負值，以多人長期平均結果觀察，正值之暫時所得與負值之暫時所得相抵相消，平均暫時所得 $\overline{Y^t}=0$，以至於平均實際所得 $\overline{Y^a}$ 等於平均恆常所得 $\overline{Y^p}$。

$$\overline{Y^a} = \overline{Y^p} , \overline{Y^t} = 0$$

依 Friedman 之假設，影響人們消費支出的因素主要為恆常所得，至於本期實際所得減去消費之剩餘皆為本期儲蓄。從長期時間數列觀察，實際所得平均值反映了恆常所得之平均值，消費支出與恆常所得維持固定比率，故消費函數如下所示：

$$C = \alpha Y^p$$

　　此一直線由原點射出，代表長期消費函數，也顯示二者間穩定的比率關係。

　　由短期資料分析，經濟繁榮期之實際所得及超過母體平均值之高收入家庭的實際所得皆包含了正值的暫時所得在內，即 $\overline{Y^t}>0$，由於 $\overline{Y^a}=\overline{Y^p}+\overline{Y^t}$，故令 $\overline{Y^a}>\overline{Y^p}$，如圖 6–4 中之 A 點對應的所得水準 $\overline{Y_1}$，$\overline{Y_1}>\overline{Y_1^p}$；但在經濟蕭條期之實際所得及低於母體平均值之低收入家庭之實際所得皆因暫時所得為負值，即 $\overline{Y^t}<0$，故 $\overline{Y^a}<\overline{Y^p}$，如圖中 B 點對應的所得水準 $\overline{Y_2}<\overline{Y_2^p}$。可是消費卻是靠恆常所得決定的，在 A 點呈現之消費 $\overline{C_1}$ 是由 $\alpha\overline{Y_1^p}=\overline{C_1}$ 決定，同理在 B 點呈現之消費 $\overline{C_2}$ 是由 $\alpha\overline{Y_2^p}=\overline{C_2}$ 決定，AQB 線呈現出較為平坦之短期消費函數型態。

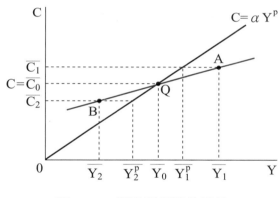

圖 6–4　恆常所得消費函數

　　由長期時間數列觀察，暫時所得的影響消失，我們得到的是消費對所得呈現固定比率的 $C=\alpha Y^p$ 射線，這呈現長期消費函數的型態。如此也說明了為何長期消費數型態與短期消費型態不同之原因。

6.5　生命週期假說

　　生命週期假說 (Life Cycle Hypothesis) 由 Ando 與 Modigliani 提出，認為個人一生不同時期有不同的所得、儲蓄與消費計畫，當期消費支出是個

人終生計畫的一部分。假設一生分成青年、中年、老年三個時期，在每個時期，人們會考量其目前與未來的所得、財富狀況及年老退休後的生計來通盤規劃其消費行為。像一般剛步入社會工作的年輕人，其當期所得雖較低，但對未來多半抱有賺錢預期，在預期心理下作目前消費決策，常不惜借款以維持生活享受，故消費占所得的比率甚高。人到中年以後，事業有基礎，所得水準提高，但會意識到老年生計應須作安排，因此會大力儲蓄，因此，其平均消費傾向通常會較低。到老年後薪資微薄或沒有收入，但其必要之生活支出卻未必能顯著減少，醫藥費用反而增加，故低所得的老年人與青年們皆呈現較高的平均消費傾向。人的生命週期所得、消費及儲蓄之變化大體上如圖 6–5 所示。

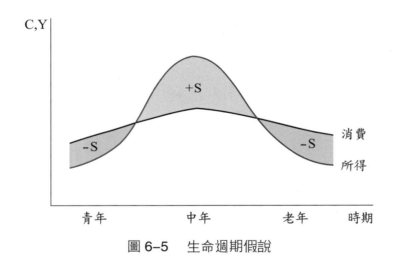

圖 6–5　生命週期假說

　　綜合凱因斯消費傾向、絕對所得假說、相對所得假說、恆常所得假說以及生命週期假說，可比較如表 6–1 所示，其均以所得為解釋消費行為的主要變數，但各理論對於影響消費之所得觀念有所不同，理論特質有相當差異。

表 6-1　凱因斯發表一般理論之後的消費理論比較

理論名稱	Keynes 消費傾向	Smithies 絕對所得假說	Duesenberry 相對所得假說	Friedman 恆常所得假說	Ando & Modigliani 生命週期假說
影響消費之主要變數	Y_w（以工資單位平減實質所得）	Y_t, t（當期所得與時間）	$\dfrac{Y_t}{\hat{Y}}$（當期所得與過去最高所得之比）	Y_t^P（恆常所得）	Y_t^L, a_0（勞動所得與財產所得）
理論特質	消費會隨所得增加而增加，但其絕對量的增加會小於所得的增加	基本上消費函數並非成比例關係，但在長期由於各種因素變動而導致消費函數不斷平行移動	基本上是成比例的長期消費函數，但在短期內由於經濟循環波動，使得消費函數成為非比例的函數	在長期，恆常所得與長遠消費成比例性關係。在短期，由於暫時所得的介入，便不再是比例關係	在長期，由於財富不斷累積而成為比例性的函數，但是短期由於財富固定，而成為非比例關係

參考資料：　1.楊雅惠 (1980)，〈臺灣消費函數之實證探討〉，《臺北市銀月刊》。
　　　　　　2.楊雅惠 (1980)，《長遠所得理論之探討》，臺大經濟研究所碩士論文。

6.6　古典學派之消費理論

　　前述消費理論乃以所得為影響消費行為之主要解釋變數，至於在古典理論中，由於假設充分就業，社會上充分就業所得固定，所得並不扮演影響消費行為的變數。家計單位獲取所得後，將會依其對未來消費的時間偏好以及市場利率，先行決定儲蓄；至於消費僅是所得中未被儲蓄的部分，並未受到應有的重視與獨立的研究。假設利率機能可以自由運行，則我們可以得到下述儲蓄函數，儲蓄受到利率與充分就業所得之影響：

$$S = S(r, Y_0); S_r > 0 \tag{1}$$

　　上式中，S= 儲蓄；r= 利率；Y_0= 充分就業所得；S_r= 儲蓄對利率之偏

微分，即 $\frac{\partial S}{\partial r}$，$S_r>0$ 代表利率提高時會增加儲蓄意願。

儲蓄水準確定後，所得 Y_0 扣掉儲蓄 S 即是消費 C：

$$C = Y_0 - S(r, Y_0) \tag{2}$$

由於 Say's Law 已保證充分就業體系的達成，所以消費變動無法由固定的所得水準 Y_0 加以解釋，是以由(2)式可知，消費函數是利率的遞減函數：

$$C = C(r), C_r < 0 \tag{3}$$

式中，$C_r = \frac{\partial C}{\partial r}$

6.7　跨期選擇模型

跨期選擇模型 (Inter-Temporal Choice Model) 又可稱為時序選擇模型，討論人們在本期消費與未來消費之間的抉擇。

為分析簡化起見，假定消費者僅活兩期，即青年期與老年期。在青年期賺取的薪資所得為 Y_1，消費支出為 C_1，老年期薪資所得為 Y_2，消費為 C_2。到第二期結束時，其兩期總所得恰足以支付兩期之總消費。第一期所得大於消費部分，即成為儲蓄，存入銀行後加計利息，成為第二期所得一部分。若第一期消費大於薪資所得，不足部分先行借貸，以後由第二期所得來償還。借貸時要考慮利率之折現，站在第二期末而言，達均衡之條件為：第二期末之所得（含第一期儲蓄與第二期新增所得）應等於第二期之消費。第一期如果消費大於所得，$C_1>Y_1$，則他是借用部分第二期所得 Y_2 供青年期享受較第一期所得為高的消費；如果 $Y_1>C_1$，則青年期會有儲蓄 S_1，$S_1=Y_1-C_1$，將用於維持老年期較高的消費 C_2。

在上述例子中，老年期消費大於老年期所得，青年期所得大於青年期消費，利率以 r 表示，則青年期儲蓄 S_1 至第二期本利和為 $S_1(1+r)$，加上 Y_2 恰可支應 C_2 之額。

第一期所得 Y_1 之分配方式為消費 C_1 與儲蓄 S_1：

$$Y_1 = C_1 + S_1$$

第二期時，所得合計為 $(1+r)S_1+Y_2$，支出為 C_2，預算式為：

$$C_2 = (1+r)S_1 + Y_2$$

以 $S_1=Y_1-C_1$ 代入上式後移項可得：

$$(1+r)C_1 + C_2 = (1+r)Y_1 + Y_2$$

利率為折現因子，上式兩端同除以 $(1+r)$ 此一折現因子，即得跨期選擇模型的預算限制方程式：

$$C_1 + \frac{C_2}{1+r} = Y_1 + \frac{Y_2}{1+r}$$

以圖形表示預算限制便是圖 6-6 中之 BD 直線。B 點處表示 $C_1=0$，$C_2=(1+r)Y_1+Y_2$，即第一期不消費時，第二期消費最大值；D 點處 $C_2=0$，$C_1=Y_1+Y_2/(1+r)$，即第二期不消費時，第一期可消費之最大值。在此兩種極端之間，消費者可選擇任何一種由 BD 預算線上各點代表的消費時序組合。此線之斜率為 $(1+r)$，若 r 越高，則斜率越陡。

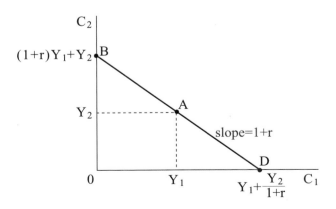

圖 6-6　跨期所得與消費

　　個人可選擇兩期消費之最適組合，做出無異曲線 (Indifference Curve)，如圖 6–7 之 I 曲線，根據無異曲線與預算限制之相交點，可以得出最適選擇點，如圖 6–7 中無異曲線 I 與 BD 相切點，得到 Q 點，這是在 BD 的預算限度內達到最高滿足的點。第一期之所得與消費為 Y_1 與 C_1，第二期之所得與消費為 Y_2 與 C_2，故他在第一期有 $(Y_1 - C_1)$ 的儲蓄；第二期則有 $(C_2 - Y_2)$ 之超額消費，兩期經過利率折算後正好打平。

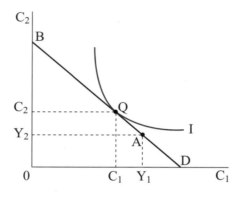

圖 6–7　兩期所得與消費

　　假如利率升高，消費者的預算線斜率必增大，如圖 6–8 因 D 點向內改變成 D′ 點，B 點則向外延伸為 B′。不同預算限制式下，相切的無異曲線將會改變，由 I_1 改成 I_2。

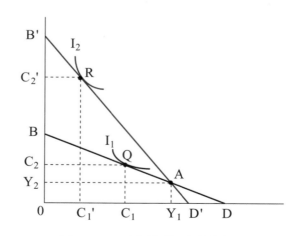

圖 6–8　利率變動與兩期消費

利率上升前，均衡點為 Q；利率上升後，均衡點可能在 R，則造成第一期消費由 C_1 減少至 C_1'，第二期消費由 C_2 增加至 C_2'，即第一期儲蓄增加而第二期儲蓄減少。利率提高後，人們減少第一期消費，增加第二期消費。

其實，利率變動對消費之影響需視兩次切點之相對位置而言，與無異曲線位置有關。圖 6–8 只是各種可能情況中的一例而已。

6.8 經濟實務話題

6.8.1 臺灣消費函數實證

臺灣消費函數型態之實證研究結果，根據本書作者楊雅惠於 1980 年在《臺北市銀月刊》第十一卷第十二期所發表的〈臺灣消費函數之實證探討〉一文，綜合其文章的分析，可得下述結論：

⑴臺灣的消費型態可符合 Keynes 的消費函數，其平均消費傾向隨所得的增加而遞減，並無 Kuznets 所謂的消費所得之比例性關係。

⑵Smithies 用所得和時間來解釋消費，配適度亦甚佳，但這與 Keynes 模型不但不互相抵觸，反而相互為用，蓋隨著時間經過，都市化、年齡、產品、嗜好……等等因素雖隨著改變，所得也同時在不斷地提高，因此 Keynes 和 Smithies 的模型實證均得到相當良好的結果。Smithies 原意想解釋 Kuznets 的比例性函數是 Keynes 的非比例性函數動態調整而得的，但是我們可認為：非比例性函數動態調整的結果可能仍是非比例性函數。

⑶長遠所得理論假設「消費與長遠所得成比例關係」、「臨時所得對消費無影響力」之說法，均未得到實證支持，因此，所得理論有待適度地修正❶。

---

❶　此文之長遠所得與臨時所得，即本書之恆常所得與暫時所得。

　　以上研究所採用之樣本期間為 1951～1978 年。雖然以上分析顯示絕對所得假說比長遠所得理論的解釋能力為佳，但尚未能完全斷定絕對所得說必然正確，因為此部分受資料所限，樣本期間為 1951～1978 年，而 Kuznets 的比例性關係是在 1970 年的實證下所獲致的結論。如果我們採不同資料期間，則臺灣消費型態是否仍為非比例性關係，就未可知了。此議題尚待繼續研究，學術研究是沒有止境的。

 本章重要詞彙

絕對所得假說 (Absolute Income Hypothesis)
相對所得假說 (Relative Income Hypothesis)
恆常所得假說 (Permanent Income Hypothesis)
生命週期假說 (Life Cycle Hypothesis)
跨期選擇模型 (Inter-Temporal Choice Model)

 本章練習題

1. 短期消費函數與長期消費函數的型態為何?
2. 請用相對所得假說證明長期與短期消費函數。
3. 恆常所得假說之要義為何?
4. 如何用生命週期假說來解釋消費行為?

 本章參考文獻

1. 柳復起 (2000)，《總體經濟學》，第五章，華泰文化。
2. 楊雅惠 (1980)，〈臺灣消費函數之實證探討〉，《臺北市銀月刊》，11(12), 12 月，pp. 1–10。
3. 楊雅惠 (1980)，《長遠所得理論之探討》，臺大經濟研究所碩士論文。

第七章

投資理論

資本量之累積，乃因投資活動之進行。進行投資決策時，先要評估投資之收益或成本，將未來每期收益與成本經過利率折算成現值來評估。依照加速原理，投資波動程度會大於所得波動程度。Tobin 之 q 值理論，提出市價與重置成本差異決定投資行為。

本章第一節概述有關投資之觀念，第二節分析投資之收益與成本，第三節說明加速原理與 q 值理論。

架構圖 7 —— 投資理論

投資理論
- 投資觀念概述 (7.1)
- 投資之收益與成本 (7.2)
- 加速原理與 q 值理論 (7.3)

7.1　投資觀念概述

　　國民所得支出項目中一個重要的組成分子為投資，往往隨著經濟景氣而上下波動。投資與資本不同，投資是流量觀念，投資所累積之資本是存量觀念。資本又可分成下列數種：

1. **實務資本 (Physical Capital)**

　　實務資本是指實際物品可作生產用途者，通常包括下述項目：(1)固定資本財的添購，包括生產用之廠房的興建與機器設備的購買；(2)新住宅房屋的營建，即建商為家計部門所興建之住宅；(3)廠商自願持有存貨的增加，通常這是個調整項，供過於求時存貨增加，求過於供時存貨減少。

2. **金融資本 (Financial Capital)**

　　金融資本是指金融商品可累積作財富者，如債券、股票、外匯等有價證券。

3. **人力資本 (Human Capital)**

　　人力知識是經濟發展與技術進步之資產，培養人才、教育訓練，藉以進行研發，提高生產效率。

　　本章所討論之資本以實務資本為主。

　　在前面各章中，我們假設投資為固定數，並未分析影響投資之因素。其實，影響投資之因素甚多，舉凡會造成投資效益以及成本變動者，都會造成投資行為之調整。

　　投資會造成所得增加，在總體經濟學中所謂的乘數原理，是指投資的增加在短期內會導致國民所得依原投資額作若干倍數的增加。進一步從長期觀點著眼，固定資本財的增添後，勞動者有更多的機器設備供利用，會使勞動生產力長期提高，造成國民所得更快速地成長。此外，所得提高也會促使投資增加，投資與所得會相互影響，總體經濟學中，投資理論乃是很重要的一項理論。

7.2 投資之收益與成本

投資之目前收益與未來收益，有時間上的差異，例如：現在吃一顆蘋果，與一年後預計可吃到一顆蘋果，對目前而言，自然是目前吃到比一年後吃更具效用。廠商投資所收到之效益，其未來效益，需依某種比率折現成現值，此折現率往往使用「利率」。換言之，以銀行存款利率作為比較之基礎，故利率又稱為時間偏好率 (Rate of Preference)。在廠商決定購置機器前，可預計每年該機器的淨收益以及使用年限，未來的收益可按當前利率折算成現值。例如今年的 $1,000 按利率 i=5% 計算到明年應為 $1,050，即 $1,000(1+5%)=$1,050，後年應等於 $1,103，因 $1,000(1+5%)^2=$1,103。

預期收益與現值之間須經過利率折算，以 R_1 代表明年的預期收益，R_2 代表後年的預期收益，則收益現值為：

$$V = \frac{R_1}{1+i} + \frac{R_2}{(1+i)^2}$$

式中 R_1、R_2 為第一年、第二年底之預期收益，i 為利率，V 為總收益之現值。以上例而言，令 R_1、R_2 各為 1,050、1,103，i=5%，則可得出 V：

$$V = \frac{1,050}{(1+5\%)} + \frac{1,103}{(1+5\%)^2} = 2,000$$

假如該機器估計可用五年，五年內各年的收益為 R_1、R_2、R_3、R_4、R_5，到第五年機器殘值為 S，如圖所示：

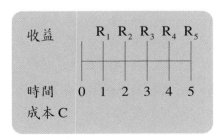

則買進此機器全部淨收益的現值及殘值的現值共計為：

$$V = \frac{R_1}{1+i} + \frac{R_2}{(1+i)^2} + \frac{R_3}{(1+i)^3} + \frac{R_4}{(1+i)^4} + \frac{R_5}{(1+i)^5} + \frac{S}{(1+i)^5}$$

廠商將比較收益現值 V 與機器成本來決定是否進行此投資計畫。安裝機器後必須立即支付成本為 C，如果 C 大於 V，則不值得購買此機器，如 V 大於 C 則投資有利可圖。

$$V > C \ (收益現值大於成本) \rightarrow I \uparrow \ (進行投資)$$
$$V < C \ (收益現值小於成本) \rightarrow I \downarrow \ (減少投資)$$

倘若債券為無期限的債券，每年收益值為 R，則現值公式為❶：

$$V = \frac{R}{1+i} + \frac{R}{(1+i)^2} + \frac{R}{(1+i)^3} + \cdots$$
$$= \frac{R}{i}$$

如果 $R_1 \cdots R_n$（n 為機器使用年限）及 S 不變，則利率 i 與收益現值 V 為反向關係，由此可作出負斜率 V(i) 曲線。假如 C 值固定如圖 7–1，$C=C_1$，利率在 i_0 以上情況皆不值得投資，利率降至 i_0 以下，V 大於 C，值得投資，利率越低獲利越多。

$$i > i_0 \ 時，\ C > V \rightarrow 不進行投資$$
$$i < i_0 \ 時，\ V > C \rightarrow 進行投資$$

---

❶　套用無窮等比級數之公式，級數總合 $= \left(\dfrac{首項}{1-公比}\right)$，在此例中，

$$V = \left\{\frac{R}{1+i} + \frac{R}{(1+i)^2} + \frac{R}{(1+i)^3} + \cdots\right\} = \frac{R}{1+i}\left(\frac{1}{1-\frac{1}{1+i}}\right) = \frac{R}{1+i}\left(\frac{1+i}{i}\right)$$
$$= \frac{R}{i}$$

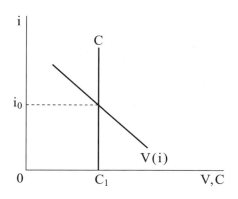

圖 7-1　投資收益現值與利率

由圖 7-2 (A) 可看出：假如機器成本由 C_1 增加到 C_2，則利率必須降低至 i_1 之下方有人購買；但假如利率 i_0 固定不變，就不會有人投資。由圖 7-2 (B)可見：倘若 V 提高，企業前途更美好，未來收益因機器使用效率提高或因廠商產品售價增加而提升，則由 $V_1(i)$ 右移至 $V_2(i)$，此時縱然利率不變，業主也會採購成本升高為 C_2 後之機器設備。由於外在環境變化，景氣波動，預期效益深受工商業者對未來產業發展信心與景氣預測影響，V(i) 曲線常會因此而移動位置，連帶使投資支出波動很大。

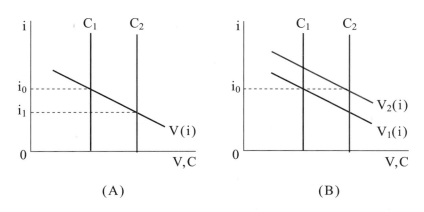

(A)　　　　　　　　　　　　(B)

圖 7-2　投資收益現值與成本之變動

從另一個角度來看，是否採取投資行為，取決於該項行為之預期投資報酬率與成本之比較。購置機器的機會成本為實質利率，也就是名目利率減去預期物價上漲率後之差距，乃是向銀行融資來購買機器設備之利息成

本。預期投資報酬率受到諸多因素之影響，包括業主對產品市場前途的看法、租稅環境、國際經濟情勢以及技術進步情形等。如果預期報酬率超過實質利率，購買機器為有利之投資；反之，預期報酬率低於實質利率則為不利之投資。由於投資之邊際報酬率遞減，投資數額增加時預期報酬率會下降。

　　每項投資案有其預期報酬率，用 r 代表預期報酬率，I 代表投資，可得圖 7-3 之 I(r) 曲線。凱因斯稱之為資本邊際效益曲線 (Marginal Efficiency Of Capital)。

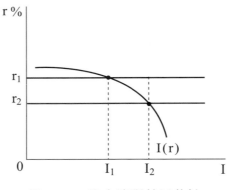

圖 7-3　資本邊際效益曲線

　　此曲線之斜率為負，因為投資量愈大時，資本邊際效益愈低。再者，此曲線凹向原點，因為投資愈多時，其預期報酬率所降低的幅度愈大。在投資數量較少之階段，擴張新投資不會引起資本邊際效益明顯下降，但當投資數量已甚龐大時，少量新投資也會因市場飽和而壓迫報酬率大幅降低。在利率為 r_1 時，投資量當引進到 I_1 最為有利；如果利率下降為 r_2，投資可增加為 I_2。

　　圖 7-4 顯示資本邊際效益曲線之移動，蓋市場景氣，經濟成長率增加，使企業家對前途更樂觀，於是圖 7-4 之 I(r) 曲線必向上或向右移動，在同一利率下廠商願進行更多的投資。反之，如企業家對經濟發展前途悲觀，則 I(r) 曲線向左下方移動，導致投資減少。

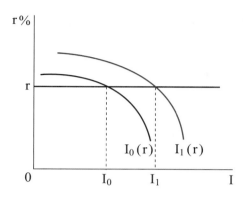

圖 7-4　資本邊際效益曲線之移動

　　綜合本篇所述，可得到利率與投資成反比關係之結論，利率愈高則投資愈少，利率愈低則投資愈多。

7.3　加速原理與 q 值理論

7.3.1　投資之加速原理

　　投資除了受利率影響之外，尚可能受到所得影響，當所得增加時，投資會加速成長，稱為加速原理 (Acceleration Principle)。

　　假定存在著理想資本財存量 K_t^*，取決於上期總產量 Y_{t-1}，當 Y_{t-1} 增加時，K_t^* 會成某一比例之增加。令 v 代表此一比例，即理想資本財對產量之比例，稱為資本產出率 (Capital Output Ratio)，故得出：

$$K_t^* = vY_{t-1}$$

　　本期期初資本量在上期投資時便已決定，其水準為 K_t，$K_{t-1}+I_{t-1}=K_t$，本期投資為理想資本量與實際資本量之差距：

$$I_t = K_t^* - K_t$$
$$I_t = vY_{t-1} - K_t$$

依同理，

$$I_{t-1} = vY_{t-2} - K_{t-1}$$

即：

$$I_{t-1} + K_{t-1} = vY_{t-2}$$

又因 $K_{t-1}+I_{t-1}=K_t$ 之定義式關係，可得 $K_t=vY_{t-2}$。將上述各式整合後得：

$$I_t = vY_{t-1} - vY_{t-2} = v(Y_{t-1} - Y_{t-2}) = v(\Delta Y_{t-1})$$

此式表示上一期所得之增量乘以資本產出比率（或稱資本係數v）為本期投資。這種學說稱為加速原理，其要義為產量須保持一貫增加趨勢才能使投資增加，產量增加率變緩，則令投資增加率減緩。當產量到達高峰不再增加時，必令投資減少為零。由此可知，所得波動所帶動的投資，其波動程度比所得波動程度為大。

7.3.2　q 值理論

另有一種投資理論，由拓賓 (Tobin) 提出，稱為拓賓之 q 值理論 (Tobin's q Theory)，q 值之定義為：某廠商的全部資產設備以公司股票市值設算後除以這些資產的重置成本：

$$q = \frac{公司股票市價計算之資產總值}{公司資產之重置成本}$$

在公司獲利能力大、股票行情高之情況下，q 值通常大於 1。如果 q>1，市價比重置成本高，代表擴建後有利可圖，則該企業將有擴建計畫，會繼續投資。若 q<1，則不值得投資，因為投資之後的市價資產總值並未超過重置成本，故會減少投資，最後會把投資推動到 q=1 為止方達到均衡。

拓賓之 q 值理論可用以分析影響投資的因素，例如：實質利率上升將使公司股票市值減少，結果令 q 值下降，故投資減少。又生產力之進步造

成產值增加，獲利性提高，必提高股票價格，使 q 值上升因而刺激投資。至於經濟景氣與未來預期心理，也會影響股市市值，造成投資水準隨之波動，使 q 值波動。

7.4 經濟實務話題

7.4.1 臺灣歷年投資之組成

我國歷年來投資之資料示於表 7-1，國內資本形成毛額，即是投資額，包括固定資本形成毛額以及存貨增加兩大部分。各組成比率，已逐年調整，2000 年以來，民營約占 60% 左右，公營企業約占 10 ～ 15% 左右，政府部門約占四分之一左右。

【思考題】公營事業與民營事業的長期投資趨勢有何消長？公營事業投資所占比重長期減少原因為何？是否與公營事業經營效率、公營事業民營化有關？

表 7-1 國內資本形成毛額——依購買主體分

年	合計（新臺幣百萬元）	各項占國內資本毛額比例合計 (%)				固定資本形成毛額					存貨增加		
		(1)民營企業	(2)公營事業	(3)政府	(4)民間非營利機構	占總金額比例 (%)	各項占固定資本形成毛額比例 (%)				占總金額比例 (%)	各項占存貨比例 (%)	
							(5)民營企業	(6)公營事業	(7)政府	(8)民間非營利機構		(9)民營企業	(10)公營事業
1960	12,618	54.65	33.86	11.40	0.10	82.11	52.49	33.51	13.88	0.12	17.89	64.55	35.45
1970	57,886	59.70	28.65	11.39	0.26	84.74	56.89	29.37	13.44	0.31	15.26	75.31	24.69
1980	503,911	50.99	35.21	13.62	0.18	90.58	50.61	34.15	15.04	0.20	9.42	54.61	45.39
1990	994,119	50.64	25.10	24.02	0.24	97.13	50.53	24.50	24.73	0.24	2.87	54.50	45.50
2000	2,195,968	67.01	10.68	22.07	0.25	102.75	68.13	10.15	21.48	0.24	-2.75	–	–
2001	1,673,450	59.60	13.03	27.03	0.34	105.91	61.19	12.97	25.52	0.32	-5.91	–	–
2002	1,629,119	61.33	14.01	24.25	0.41	106.13	63.96	12.81	22.85	0.39	-6.13	–	–
2003	1,636,793	63.03	12.38	24.18	0.41	104.84	64.13	12.42	23.06	0.39	-4.84	–	–
2004	2,115,867	70.93	9.25	19.40	0.42	97.03	70.63	8.95	19.99	0.43	2.97	80.72	19.28

註：(1)＋(2)＋(3)＋(4)＝100.00; (5)＋(6)＋(7)＋(8)＝100.00; (9)＋(10)＝100.00
資料來源：《中華民國臺灣地區國民所得統計摘要》，2005 年 3 月，行政院主計處。

7.4.2　廠商投資考慮因素

廠商進行投資時，會考慮哪些因素? 政府會採用哪些措施來刺激投資?

1980 年代，工業升級與改善產業結構被視為突破經濟發展瓶頸的必經過程。1982 年，由工業局會同財政部、交通銀行、工業技術研究院等單位共同組成「策略性工業審議委員會」，根據「兩大」(產業關聯效果大、市場潛力大)、「兩高」(技術密集度高、附加價值高)、「兩低」(能源係數低、污染程度低) 六項基準，選出機械及資訊電子業之策略性工業產品，由政府提供低利融資、技術輔導等獎勵措施，期能藉由策略性工業的發展帶動經濟發展。而後，策略性產品的項目四次調整，其中 1986 年、1987 年各增列生物科技與材料科技兩項。

根據楊雅惠、任立中、周榮乾 (1990) 之研究，得到下述結論:

⑴廠商進行投資時，資金因素並非投資之第一考慮因素。其最重視的評估準則依序為未來的市場需求或競爭、使公司提高技術水準、使公司於短期內提高獲利能力、競爭者的生產設備狀況與產能，最後才是自金融機構取得資金的難易程度，以及自金融機構取得資金的成本。

⑵廠商認為「策略性低利融資」措施的利率與貸款期限優惠條件對其投資決策具有影響。若按是否曾經獲得融資而將廠商分類，則此兩項貸款條件對有融資廠商投資決策的重要程度顯著的高於其對無融資廠商之重要程度。

⑶在曾獲得低利融資的廠商中，約有 53.7% 廠商表示若當時未獲核准貸款，仍會繼續執行投資計畫。有 46.3% 的廠商表示若當時其未獲得低利融資，則其將無法進行投資或必須延遲數年才能投資，其延遲之年數平均為兩年。

⑷未運用「策略性低利貸款」措施之廠商，有 27.7% 源於沒有投資計畫，67.3% 乃是有投資計畫而未申請低利獎勵，5% 乃是申請獎勵而未獲核准。在有投資計畫而未申請低利獎勵之原因中，不知道有此

措施者占 41.1%，自有資金充裕 (25.2%) 以及另有資金來源 (18.7%)
者占 43.9%，抱怨申請手續太麻煩者占 22.4%。

⑸低利融資措施對廠商利息負擔之影響並不顯著。而能顯著影響廠商
　利息負擔之因素為廠商之財務寬裕度，若公司之財務寬裕度越高，
　其利息負擔越低。

⑹低利融資措施對廠商之固定資產形成的影響並不顯著。能顯著影響
　廠商固定資產形成的因素為廠商之投資活力。廠商之投資活力越高，
　其固定資產形成的速度將越高。

⑺低利融資措施對廠商之營業額與獲利率影響並不顯著。而能顯著影
　響廠商營業績效之因素為廠商之技術水準(正向影響)、公司規模(正
　向影響)、投資活力 (正向影響)、及固定資產形成 (正向影響)。

⑻絕大部分的廠商 (97.3%) 認為政府應繼續實施「策略性低利融資」措
　施。大多數廠商希望放寬申貸條件與簡化申請程序。

【思考題】：廠商進行投資決策時，會考慮哪些因素？哪些是經濟因素、哪些是
　　　　　非經濟因素？

本章重要詞彙

實務資本 (Physical Capital)	金融資本 (Financial Capital)
人力資本 (Human Capital)	加速原理 (Acceleration Principle)
q 值理論 (q Theory)	

本章練習題

1. 倘若某項投資每年收益為 $10,000，利率為 5%，成本為 $150,000，是否值得
　投資？

2. 當經濟景氣好轉時，均衡利率往往會提高，理由何在？

3. 請說明 q 值理論。

本章參考文獻

1. 柳復起 (2000)，《總體經濟學》，第六章，華泰文化。

2. 楊雅惠、任立中、周榮乾 (1990)，《臺灣策略性工業獎勵措施之成效評估——廠商調查分析》，經濟叢書 17，中華經濟研究院。

3. Jorgenson, Dale W. (1996), *Econometric Studies of Investment Behavior: A Review*, MIT Press.

第 八 章

貨幣與金融體系

　　貨幣有狹義與廣義之定義，狹義為 M1，廣義者包含準貨幣，稱為 M2。貨幣具備四項功能，交易媒介、價值儲藏工具、計價單位、延期支付的標準。金融體系是社會儲蓄與投資之架構，可降低資訊成本與交易成本。金融機構與金融市場結構依性質而有不同分類。本章簡介貨幣的定義與功能，以及金融體系之功能與結構。

架構圖 8 —— 貨幣與金融體系

貨幣與金融體系 ⎰ 貨幣的定義與功能 (8.1)

　　　　　　⎱ 金融體系之功能與結構 (8.2)

8.1　貨幣的定義與功能

所謂貨幣，是「大眾所普遍接受之交易工具」。一種物品，能被大眾接受在經濟活動中作為普遍認定之交易工具，便可視為貨幣，並不限於紙鈔與硬幣。

能作為貨幣者，需具備四項主要功能：交易媒介、價值儲藏工具、計價單位、延期支付的標準，本節中逐一說明之。

(一)交易媒介 (Medium of Exchange)

作為貨幣的物品，具有普遍接受性，社會大眾願意在交易進行時使用之，具有交易媒介的功能，這是貨幣的第一個功能。社會上進行各種交易，當買方需要某種商品時，可提出大家所普遍接受的貨幣，向賣方購買，例如：遠古社會張三想向李四購買布匹時，張三需提出大眾所普遍接受的貨幣，例如：貝殼，李四才願意把布匹交給張三，於是在這交易過程中，貝殼便扮演了交易媒介的角色。如果沒有貝殼，張三便需提出其他李四願意接受的物品，否則這個交易只好中斷。換言之，貨幣的存在，使得交易進行較為順暢，具有潤滑交易的功能。

(二)價值儲藏工具 (Store of Value)

由於貨幣是大眾普遍接受的交易媒介，於是擁有貨幣，便擁有購買力 (Power of Purchase)，貨幣成為可儲藏價值的工具。例如：張三儲蓄了相當數量的貝殼，將來需要任何東西時，可用貝殼來購買，擁有貝殼便是擁有購買力，貝殼愈多，購買力愈高，貝殼成為價值儲藏的工具。

除了貨幣外，尚有其他物品可作為價值儲藏的工具，例如房地產、有價證券等等。這些物品雖有價值儲藏的功能，但不具有交易媒介的功能，不似貨幣同時具有多重功能。

㈢計價單位 (Unit of Account)

各種商品進行交易時，需有交易價格，價格乃以貨幣作為計價單位，即每樣物品相當於多少單位的貨幣。若社會上沒有大眾所接受的貨幣，而每次交易時以不同的物品作為計價單位，那麼同一個物品，會隨著不同的計價單位而有不同的價格；換言之，一個物品有多個價格，社會上的價格制度便顯得相當混亂。

在一個沒有貨幣的社會，倘若只有兩項物品進行交易，則這兩項物品只需要一種交易價格；若有三項物品，每兩項物品交易時便需要一種價格，共需要三種價格。以此類推；推廣到 n 項物品，則需要 $\frac{n(n-1)}{2}$ 種價格；假設 n 為 10，價格便有 45 種；假設 n 為 100，價格便有 4,950 種；假設 n 為 1,000，價格便有 499,500 種。這麼複雜的價格體系，十分不方便，於是一個共同的計價單位遂應運而生，這就是貨幣。一旦有了貨幣，所有物品均以貨幣作為計價單位，n 種物品只需要 n 種價格，交易制度得以簡化。

㈣延期支付的標準 (Standard of Deferred Payment)

在工商業日益發達的社會，因為資金調度現象與信用交易制度日漸興盛，並非每次交易時，買者均可如數付出全部現金，有時需要延期支付，故定出一個眾所接受的延期支付標準有其必要。這時候，貨幣便責無旁貸地擔負起延期支付標準的角色。而信用交易制度愈盛行，社會對延期支付標準的需求更為殷切。

任何物品，若要成為貨幣，必須能夠發揮上述功能，因此唯有耐久、不易損壞、易於分割的物品，才適合用為貨幣。

人類社會發展過程中，最早的貨幣型態為商品貨幣，例如貝殼、椰子殼等，這些物品可作貨幣用，亦可當成一般商品交易。接著金屬貨幣時代崛起，取於金屬之耐久性、可保值性等特質，例如金幣、銀幣、銅幣、鎳幣等，均曾在各國貨幣發展史上扮演重要角色。後來則進一步演變成信用

貨幣，以國家與中央銀行的信用作為基礎，發行有價證券，以之通行全國乃至於全球，此即各國央行所發行之鈔票（圖 8-1）。

商品貨幣 ⟶ 金屬貨幣 ⟶ 信用貨幣

圖 8-1　貨幣演變型態

貨幣的計算：狹義為 M1（M1 又分為 M1 與 M1B）；廣義為 M2。依其涵蓋資產多寡，M2 > M1B > M1A；依受中央銀行控制程度而論，M1A > M1B > M2。央行制定貨幣政策目標區時，原以 M1A 為衡量指標，後來改為 M1B，1990 年代後期以來改成 M2。

臺灣各種貨幣的定義如下：

> M1A = 通貨淨額❶ + 支票存款❷ + 活期存款
> M1B = 通貨淨額 + 存款貨幣❸
> 　　 = M1A + 活期儲蓄存款❹
> 　M2 = M1B + 準貨幣 (Quasi-Money)
> 　　 = M1B + 定期❺及定期儲蓄存款 + 外匯存款❻ + 郵政儲金❼ + 附買回交易餘額❽ + 外國人新臺幣存款❾ + 貨幣市場共同基金❿

❶　通貨淨額 = 全體貨幣機構與中華郵政公司儲匯處以外各部門持有通貨
　　　　　　 = 央行通貨發行額 − 全體貨幣機構庫存現金 − 中華郵政公司儲匯處庫存現金
❷　指企業及個人（含非營利團體）在貨幣機構之支票存款，包括本票、保付支票及旅行支票。
❸　存款貨幣 = 活期存款 + 支票存款 + 活期儲蓄存款
❹　指個人（含非營利團體）在貨幣機構之活期儲蓄存款，目前只有個人及非營利團體可以開立儲蓄存款帳戶。
❺　指企業及個人在貨幣機構之定期存款，包括一般定存及可轉讓定期存單。
❻　包括外匯活期存款及外匯定期存款。
❼　指中華郵政公司儲匯處自行吸收之郵政儲金總數，包括劃撥儲金、存簿儲金及定期儲金。
❽　指銀行賣出附買回約定債（票）券交易餘額中，屬企業及個人部分。

　　表 8-1 顯示：M1A、M1B 之年增率比 M2 年增率之波動程度高，M2 年增率逐年遞減，M1A 與 M1B 均曾出現年增率超過 40%（1987 年）與負成長（1990 年、2001 年）。

表 8-1　臺灣貨幣供給

單位：新臺幣億元；%

年	M1A		M1B		M2	
	金額	年增率	金額	年增率	金額	年增率
1987	7,511	40.80	13,066	46.42	35,127	23.53
1988	9,550	27.15	17,002	30.12	42,561	21.16
1989	11,661	22.10	19,273	13.36	51,250	20.42
1990	11,609	−0.45	18,734	−2.80	57,834	12.85
1991	11,669	0.52	19,833	5.87	67,281	16.33
1992	12,646	8.37	22,895	15.44	80,694	19.94
1993	13,411	6.05	24,777	8.22	93,951	16.43
1994	15,076	12.42	28,975	16.94	109,260	16.29
1995	15,089	0.08	30,355	4.76	121,924	11.59
1996	15,013	−0.50	31,608	4.13	133,183	9.23
1997	16,176	7.74	35,978	13.82	144,179	8.26
1998	16,239	0.39	36,885	2.52	156,805	8.76
1999	16,740	3.09	40,526	9.87	169,862	8.33
2000	17,973	7.36	44,815	10.58	181,826	7.04
2001	17,130	−4.69	44,358	−1.02	192,360	5.79
2002	18,600	8.59	51,904	17.01	199,183	3.55
2003	20,699	11.28	58,039	11.82	206,698	3.77
2004	25,066	21.10	69,054	18.98	222,093	7.45

註：中央銀行資料有「月底數字」與「日平均」兩種，本表採「日平均」數字。
資料來源：《中華民國臺灣地區金融統計月報》，2005 年 4 月，中央銀行。

⑨　包括國外非金融機構持有之活期性及定期性存款。
⑩　指國內企業及個人與外國人持有之貨幣市場共同基金。自 93 年 10 月起開辦。

8.2   金融體系之角色、功能與結構

8.2.1   金融體系之角色與功能

在經濟社會中，各經濟單位的收支情況各有差異，收入大於支出的經濟單位稱為資金剩餘單位 (Funds Surplus Units)，例如家計部門往往有儲蓄資金，乃是主要的資金剩餘單位。支出大於收入的經濟單位稱為資金不足單位 (Funds Deficit Units)，例如企業部門常因進行投資而需要資金，乃是主要的資金不足單位。資金剩餘單位可以將其剩餘資金貸放給別人，是資金供給者；資金不足單位則需向其他單位借貸，則是資金需求者。資金供給者與資金需求者之資金借貸過程中，便需仰賴金融體系居中作為媒介，使得儲蓄資金投入金融體系後，貸放給資金需求者來進行投資等用途。換言之，金融體系的主要角色，乃是資金供給與資金需求者之媒介、儲蓄與投資的橋樑。金融體系的功能，可用圖 8–2 來說明。

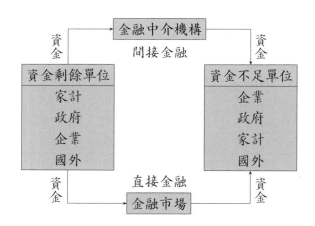

圖 8–2　金融體系之角色

一般經濟單位，包括家計部門、政府部門、企業部門及國外部門。每部門均有其資金需求與供給。一般而言，最主要的資金剩餘單位為家計部

門，最主要的資金不足單位為企業部門。資金剩餘單位與資金不足單位之
溝通，透過金融體系來進行。金融體系又包括兩大部分，一部分是金融中
介機構，另一部分是金融市場。金融中介機構包括貨幣機構（如商業銀行、
信用合作社等）以及非貨幣機構（如信託投資公司、人壽保險公司等）；金
融市場包括貨幣市場（短期資金市場）與資本市場（長期資金市場）。金融
中介機構與金融市場又分別稱為間接金融 (Indirect Finance) 與直接金融
(Direct Finance)。間接金融乃指：資金供給與需求雙方並不知道交易對方為
誰，全部委由金融中介機構作為媒介。直接金融乃指：資金供需雙方可以
得知資金交易對方是誰，並決定交易對象。

　　金融體系扮演著儲蓄與投資之橋樑，在資金需求者與資金供給者之間
扮演居中媒介的角色，可讓資金借貸雙方減少資訊成本、交易成本等。

㈠資訊成本 (Information Cost)

　　為何金融中介機構可減少資金供需雙方的交易成本與資訊成本呢？假
設沒有金融中介的存在，資金不足單位需要借入資金以進行投資生產活動，
但是他不知道誰有剩餘資金，必須挨家挨戶去查詢，方能搜集到相關的資
訊，即使他本人不親自查詢，亦須委由第三者代為搜集相關資訊。且只找
一個家計部門，可能尚無法滿足其資金需求，需多找幾個家計部門。另一
方面，資金剩餘單位有剩餘的資金可供借出，例如家計單位有儲蓄可供借
出以賺取利息收入，但他需找到適切的資金需求單位（如某一企業）。家計
單位為了確保將來債權可以收回，就必須先對企業進行徵信調查，若信用
良好方考慮借出，搜集此類資訊需要耗費相當的時間精力。換言之，不論
是資金供給或需求者，為了搜集交易所需的情報資訊，均需耗費相當的時
間精力，此即為資訊成本。

㈡交易成本 (Transaction Cost)

　　在資金供需雙方彼此互相尋求適當的交易對象時，尚需詢問彼此合意
的價格。如果價格不合，則需進行講價，講價不成，則只好另行尋找交易

對象。如此一來，為了進行此交易，則需耗費相當成本，即所謂的交易成本。

如果有金融中介機構的存在，則可減少資訊成本與交易成本。金融中介機構一方面吸收大眾存款，把多筆而小額的資金匯集起來，一方面對廠商進行徵信，選擇適當的買主，貸放資金。金融中介機構在這過程中，便可發揮專業的功能，搜集市場上各種相關資訊，包括各式各樣不同需求的市場參與者，把條件相合的交易對象湊在一起，促使該交易得以進行。

對資金需求者而言，僅需向一個金融中介機構借款而毋需向多個金融機構借款。對資金供給者而言，只需把資金交給金融中介機構，便可取得固定利息收入，不需對借款客戶逐一進行徵信調查。於是乎，此金融中介機構的存在，便是降低交易雙方的資訊成本與交易成本。

8.2.2 金融體系之結構

金融體系分成金融機構與金融市場兩大部分。這兩大部分可依其性質而有不同的分類，分述如下：

㈠金融機構之分類

1. 貨幣機構

貨幣機構是指依法得辦理支票存款的金融機構，這類金融機構透過支票存款帳戶之開辦，可創造出貨幣供給，故稱為貨幣機構，又稱「銀行金融機構」或稱「可創造存款貨幣之金融機構」，例如商業銀行、專業銀行、信用合作社、農漁會信用部等。

2. 非貨幣金融機構

不得辦理支票存款業務的金融機構，因不能創造貨幣供給，故稱為「非貨幣金融機構」。例如信託投資公司、郵政儲金匯業局、人壽保險公司等。

3. 金融控股公司

兩家或兩家以上金融機構結盟，以金融控股公司型態投資至這些金融機構❶。原本不同金融機構乃是個別獨立經營，而透過金融控股公司形成

互相結盟關係後，若能透過不同業務相輔相成發揮結合效益，可擴大整體效益。金融控股公司可投資之機構型態，也包括商業銀行、工業銀行、證券公司、保險公司、創業投資公司、理財顧問公司等。

(二)金融市場之分類

金融市場之分類方式，依照分類標準的不同而有差異：

1. 貨幣市場與資本市場（依交易工具期限為標準）

貨幣市場 (Money Market) 是一年期或一年期以下的短期有價證券進行交易的金融市場。短期有價證券（如商業本票、銀行承兌匯票、國庫券、可轉讓定期存單等）的到期日在一年或一年以下，持有此票券者需要資金時，將該票券拿到貨幣市場求售，讓資金有剩餘的經濟單位購買，藉以融通資金供需。

資本市場 (Capital Market) 是一年期以上，或未定期的中長期有價證券進行交易的金融市場。中長期有價證券的到期日在一年期以上（例如公債、公司債、金融債券、股票等）。此類證券的發行與交易，均可透過資本市場來進行。

2. 初級市場與次級市場（依有價證券新舊而區分）

初級市場 (Primary Market) 也稱原始市場，又稱發行市場 (Issue Market)。某經濟單位發行證券以籌募資金，在發行證券時進行資金交易之市場即是發行市場。在此市場所交易的證券均為新發行的證券，故又稱新證券市場。

次級市場 (Secondary Market) 又稱流通市場 (Circulation Market)。當有價證券發行之後，持有證券者，可以在證券市場進行出售，換取資金。在次級市場交易之證券，並非首次發行之證券，故此市場又稱舊證券市場 (Market for Existing Securities)。次級市場的存在，使得持有短期證券者欲調

---

❶ 依金融控股公司法規定，所謂金融控股公司是指「對一銀行、保險公司或證券商持有已發行有表決權股份總數或資本總額超過百分之二十五，或可直接、間接選任或指派該機構過半數之董事，並依本法設立之公司。」

度資金時，甚為容易；他可以隨時賣出證券以獲取現金，亦可以隨時買入以賺取利息或價差。

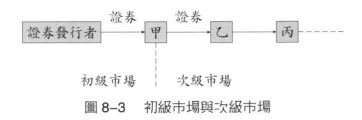

圖 8-3　初級市場與次級市場

3.集中市場與店頭市場（依交易市場而區分）

次級市場之交易有兩種形式，一是組成交易所 (Exchanges)，有價證券的買賣雙方（或是買賣代理商）集中一處來進行交易，即為集中市場 (Exchange Market)。證券交易所便是典型的例子。

另一種形式為店頭市場 (Over-the-Counter Market, OTC Market)，債券的交易乃是在不同地點進行，每地點有若干債券存貨，等待有意詢價者購買。

4.債權市場與股權市場（依持有債券者的權利性質區分）

每個經濟單位籌募資金時，與資金提供者的關係主要有兩種方式，一為債權關係，一為股權關係。所謂債權市場 (Debt Market)，係透過債務市場發行有價債券，則資金供需雙方的關係便成債權人與債務人之關係，持有債券者是債權人，可在一定期限內，要求發票人履行支付利息與償還本金之義務，但是其利息乃事先約定，不受債務人之財務狀況（例如公司之營業利潤）所影響。例如公司發行公司債、政府發行公債，均屬債權市場流通之交易工具。

另一種籌措資金的方式是透過股權市場 (Equity Market)。資金需求者發行有價證券，例如公司發行股票，在市場上出售。持有股票者，成為其股東，享有股東之權利，包括分配盈餘、參與公司決策投票，也包括承擔之風險等。

5. 國內金融市場與國外金融市場（依交易國境與交易貨幣區分）

　　一般金融市場指國內金融市場，廣義而言，應包括國外金融市場。只要金融交易涉及國外人士、國外市場、國外貨幣，便屬於國際金融交易範疇。至於介於兩者之間者，有境外金融市場 (Offshore Banking Unit, OBU)，屬於本國境內，但被特別區分出來，其交易規範與一般國內交易不同，往往享有較多優惠，適用外國居民與外國企業之交易。

6. 正式金融市場與非正式金融市場（以市場組織合法性而區分）

　　若金融交易組織是合法的，屬正式金融市場 (Formal Financial Market)，乃是已納入金融當局之管理範疇，故又稱「已納入管理金融市場」(Regulated Financial Market)，即是一般俗稱的「地上金融」。

　　相對而言，不合法的金融活動，並非金融當局所核准並進行管理之範疇，故稱「非正式金融市場」(Informal Financial Market)，或未納入管理之金融市場 (Unregulated Financial Market)，或無組織金融體系 (Unorganized Financial System)，即是一般俗稱的「地下金融」。

8.3　經濟實務話題

8.3.1　臺灣金融機構成長情形

　　臺灣各類金融機構成長情形，由表 8-2 可以得知。本國銀行在 1990 年以前原為公營，多年來維持二十四家，1989 年「銀行法」修訂時開放民營，銀行數遂快速竄升，2000 年曾增加至五十三家。此外，票券金融公司家數也大幅增加，自原來三家而大幅增加，1998 年曾增加至十六家。其他如證券投資信託公司、證券投資顧問公司、期貨自營商、期貨經紀商，均大幅增加。至於金融控股公司則於 2001 年開放設立，至 2003 年已達十四家。臺灣之金融版圖，在這些年來，已大幅丕變。

表 8-2　臺灣各類金融機構歷年家數

年底	本國銀行	票券金融公司	證券投資信託公司	證券投資顧問公司	期貨自營商（專營）	期貨經紀商（專營）	金融控股公司
～1990	24	3	4	52	–	–	–
1991	25	3	4	62	–	–	–
1992	40	3	15	78	–	–	–
1993	41	3	15	87	–	–	–
1994	42	3	15	95	–	14	–
1995	42	10	15	102	–	16	–
1996	42	12	19	115	–	16	–
1997	47	14	24	147	–	22	–
1998	48	16	29	196	6	26	–
1999	52	16	36	219	9	26	–
2000	53	16	38	238	9	25	–
2001	53	15	41	223	8	26	4
2002	52	14	44	212	9	24	13
2003	50	14	43	208	11	24	14
2004	44	14	45	218	12	23	14

資料來源：1.銀行、票券金融公司部分：1997 年以前資料出自《金融機構業務概況年報》，中央銀行業務檢查處；1997 年以後資料出自《中華民國臺灣地區金融統計月報》，中央銀行經濟研究處。
　　　　　2.投信、投顧與期貨商部分：〈證期市場指標〉，金融監督管理委員會證券期貨局。
　　　　　3.金融控股公司部分：〈金融機構一覽表〉，中央銀行。

 本章重要詞彙

間接金融 (Indirect Finance)　　　　　直接金融 (Direct Finance)

貨幣市場 (Money Market)　　　　　　資本市場 (Capital Market)

初級市場 (Primary Market)　　　　　次級市場 (Secondary Market)

集中市場 (Exchange Market)　　　　店頭市場 (Over-the-Counter Market)

債權市場 (Debt Market)　　　　　　股權市場 (Equity Market)

本章練習題

1. 何謂直接金融與間接金融?
2. 何謂貨幣市場與資本市場? 其交易的金融工具有哪些?
3. 何謂初級市場與次級市場?

 本章參考文獻

1. 何伊仁 (1995),《貨幣銀行學》, 第四章, 玖版精簡版。
2. 柳復起 (2000),《總體經濟學》, 第七章, 華泰文化。
3. 郭國興 (1995),《貨幣銀行學──理論與實際》, 第五章, 六版, 三民書局。
4. 梁發進、徐義雄編著 (1994),《貨幣銀行學》, 第九章, 國立空中大學。
5. 楊雅惠 (2000),《貨幣銀行學》, 第二章, 再版, 三民書局。
6. Arshadi, Nasser and Gordon V. Karels (1997), *Modern Financial Intermediaries & Markets*, International Edition, Prentice-Hall.
7. David C. Cole, Hal S. Scott, and Philip A. Wellons eds. (1995), *Asian Money Markets*, Oxford University Press.
8. Mishkin, Frederic S. (1995), *The Economics of Money, Banking, and Financial Markets,* Chapter 15 , Fourth Edition, New York: Harper Collins.
9. Thomas, Lloyd B. (1997), *Money, Banking, and Financial Markets,* Chapter 3, International Edition, New York: McGraw-Hill.
10. Zahid, Shahid N. ed. (1995), *Financial Sector Development in Asia*, Oxford University Press.

第 九 章

貨幣供需與利率

　　利率到底是如何決定的？利率水準為何會起伏波動？經濟學理上討論利率的決定，主要有可貸資金理論 (Loanable Funds Theory) 與流動性偏好理論 (Liquidity Preference Theory) 兩種。前者認為利率係由可貸資金供需決定的，而後者則認為利率係由貨幣供需所決定。

　　本章首先在第一節概述金融資產市場，第二節闡述可貸資金理論，說明在此理論架構下利率如何決定，以及為何變動。第三節則介紹流動性偏好理論，以及其所提出的決定利率水準和影響利率變動之因素。

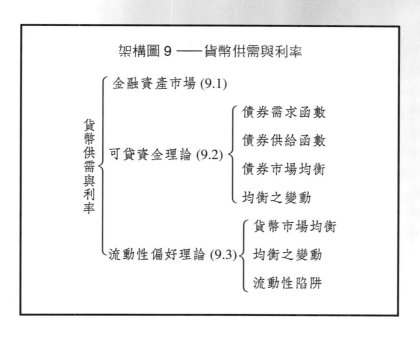

架構圖 9 ── 貨幣供需與利率

貨幣供需與利率
- 金融資產市場 (9.1)
- 可貸資金理論 (9.2)
  - 債券需求函數
  - 債券供給函數
  - 債券市場均衡
  - 均衡之變動
- 流動性偏好理論 (9.3)
  - 貨幣市場均衡
  - 均衡之變動
  - 流動性陷阱

9.1　金融資產市場

可貸資金理論是古典學派分析資金市場之理論架構，流動性偏好理論是凱因斯學派分析貨幣需求之理論背景，可貸資金理論與流動性偏好理論間有相互驗證的性質。茲可先將經濟與金融體系簡化來說明之。

基本上，凱因斯假設人們只有貨幣與債券兩種金融資產可作財富持有。因此就供給面而言，整個經濟的財富總額等於貨幣供給與債券供給之和：

$$W^s = M^s + B^s \tag{1}$$

式中，W^s = 財富總供給量

　　　M^s = 貨幣供給量

　　　B^s = 債券供給量

同理，就需求面觀之，整個經濟的財富總需求量 W^d 亦應等於貨幣需求量 M^d 與債券需求量 B^d 之和：

$$W^d = M^d + B^d \tag{2}$$

均衡時財富總供給量應等於財富總需求量：

$$W^s = W^d \tag{3}$$

因此，將(1)式的 $M^s + B^s$ 與(2)式的 $M^d + B^d$ 分別代入(3)式的 W^s 與 W^d，將可求得以貨幣供需與債券供需表示的均衡條件為：

$$M^s + B^s = M^d + B^d \tag{4}$$

換言之，均衡時貨幣供給量與債券供給量之和必須等於貨幣需求量與債券需求量之和。若將(4)式中 M^s 與 B^d 移項，則均衡條件可以寫成：

$$B^s - B^d = M^d - M^s \tag{5}$$

　　(5)式等號左邊 $B^s - B^d$ 代表超額債券供給,而等號右邊的 $M^d - M^s$ 則代表超額貨幣需求。債券市場均衡代表其超額供給 $B^s - B^d$ 等於零,這表示(5)式等號右邊的貨幣市場超額需求 $M^d - M^s$ 亦必須等於零; 亦即, 債券市場均衡表示貨幣市場亦均衡。這也就是表示, 當社會上只有兩種資產, 則甲資產市場的超額供給會等於乙資產市場的超額需求❶。

　　就此而言, 以可貸資金理論與流動性偏好理論討論利率之決定並無二致。不過, 宜注意者, 唯有假設經濟社會只有貨幣與債券二種資產可供持有, 上述結論始可成立。然而, 在現實經濟社會中, 尚有其他資產可作為財富持有, 上述結論並不成立。

　　雖然流動性偏好理論並未考慮資產預期報酬率對利率之影響。然而, 這兩種理論各具特色。因為可貸資金理論考慮了預期通貨膨脹率透過對債券供給曲線與需求曲線的影響, 而影響利率。因此, 若欲知道預期通貨膨脹率對利率的影響, 運用可貸資金理論較為方便。反之, 若要考慮所得、物價水準及貨幣供給等變數對利率的影響, 則應用流動性偏好理論加以分析較為簡單。因此, 本章同時討論這兩種理論。

9.2　可貸資金理論

　　可貸資金理論認為利率係由可貸資金的供給與需求決定的。資金需求者可以發行債券或其他金融市場工具向資金供給者借用其所剩餘之資金。換句話說, 我們通常用家計部門來代表會對債券產生需求的, 同時也是所謂的可貸資金供給者。同樣的, 以廠商來說明那些會發行債券, 即會對可貸資金有需求的人。綜上所述, 以利率❷為縱軸, 以可貸資金數量為橫軸,

❶　在此所提及的這個觀念即是著名的華納斯法則 (Walras' Law): 當社會上有 n 個市場, 其中有 n–1 個市場達到均衡時, 則其餘的 1 個市場亦會總需求等於總供給, 達到均衡。

❷　利率分名目利率與實質利率。本章中各變數大致均可視為名目變數, 並可視為物價不變之下的實質變數。為行文方便, 本章之利率均以 r 代表之。

繪成如圖 9–1 之左圖。債券供給與需求曲線和可貸資金曲線觀念是一體的兩面，茲將二圖並列如下，以供比較。因為金融市場工具的發行代表對可貸資金之需求，而購買金融市場工具則係對可貸資金的供給，是以可貸資金理論乃由金融市場工具的供給與需求來探討利率究竟是如何決定的。在此我們將以債券代表金融市場工具，以引申其需求與供給函數，俾探討利率水準的決定，及其可能變動的原因。

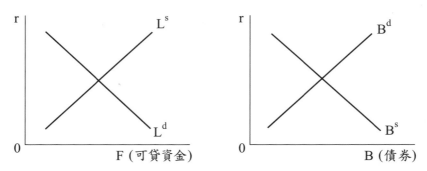

註：左圖表示可貸資金市場均衡，右圖表示債券市場均衡。
　　L^d = 可貸資金需求曲線，L^s = 可貸資金供給曲線。
　　B^d = 債券需求曲線，B^s = 債券供給曲線。

圖 9–1　可貸資金市場與債券市場

9.2.1　債券需求函數

債券的市價與債券利率呈反方向變動，所以當債券票面價值既定，而其市價愈高時，表示購買此等債券所能獲致的報酬率愈低，人們愈不願持有債券，債券的需求量隨之減少。反之，若債券市價愈低，債券報酬率愈高，人們對債券的需求將較殷切。是以，就債券市價與債券需求量的關係而言，兩者將具有反方向變動之關係：

$$B^d = B^d (P^B)^-\tag{6}$$

式中，B^d = 債券需求量

　　　　P^B = 債券市價

由於債券市價與債券利率呈反方向變動，因此，利率與債券需求量之關係可書如下：

$$B^d = B^d(r)^+ \qquad\qquad (7)$$

式中，B^d = 債券需求量

　　　　r = 債券利率或預期報酬率

根據上述關係，我們若以縱軸代表利率，以橫軸代表債券需求量，則債券需求函數將可繪成如圖 9-2，$B^d(r)$ 線斜率是正的。若以債券市價為縱軸，則為負斜率之債券需求曲線，如圖 9-3 所示。

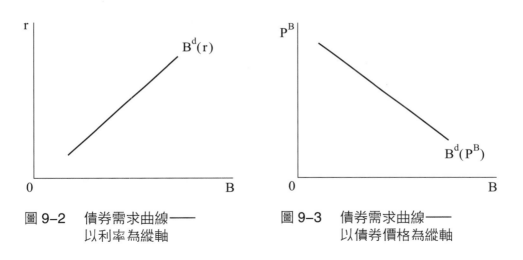

圖 9-2　債券需求曲線——以利率為縱軸　　　圖 9-3　債券需求曲線——以債券價格為縱軸

9.2.2　債券供給函數

政府或廠商部門有資金需求時，可在債券市場 (Bonds Markets) 發行公債或公司債，這就形成債券的供給。當債券的利率或報酬率愈高時，政府與廠商部門發行債券所負擔的資金成本愈高。因此，當債券利率上升之際，債券供給量將隨之減少。反之，在債券利率降低時，由於舉債所需負擔之資金成本相對下降，政府或廠商部門勢將增加債券之供給。因此，債券供給量將隨債券利率的上升而下降。是以債券供給函數可書為：

$$B^s = B^s(r)^-$$ (8)

式中，$B^s =$ 債券供給量

　　　　$r =$ 債券利率或預期報酬率

若以縱軸代表利率 r，橫軸代表債券數量 B，則(8)式所示債券供給函數可用圖 9–4 的 $B^s(r)$ 曲線表示，該線之斜率之所以為負的，係因債券供給量與債券利率呈反方向變動之故。

此外，債券供給函數亦可用債券的市場價格作為其解釋變數。一般而言，當債券的票面價值與發行量既定時，債券發行機構利用發行債券所能募集的資金多少，端視債券的市價高低而定。債券市價愈高，債券發行定額所能吸收到的資金愈多，而且因為債券市價高代表募集資金的成本相對較低，所以債券供給量將隨債券市價的高低而增減，因此：

$$B^s = B^s(P^B)^+$$ (9)

式中，$B^s =$ 債券供給量

　　　　$P^B =$ 債券市價

(9)式表債券供給量 B^s 為債券市場價格的增函數。若以縱軸代表債券之市價，橫軸代表債券之供給量，則(8)式的債券供給曲線可以繪如圖 9–5 的 $B^s(P^B)$ 曲線。

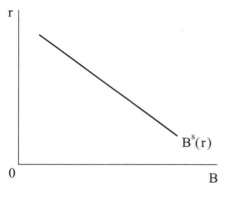

圖 9–4　債券供給曲線——
　　　　以利率為縱軸

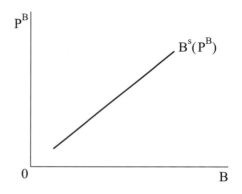

圖 9–5　債券供給曲線——
　　　　以債券價格為縱軸

9.2.3　債券市場均衡與均衡利率之決定

　　分析了債券需求函數與債券供給函數之後，我們現在可進而討論債券市場之均衡，並由之決定均衡利率水準。債券市場均衡係指願意購買債券者的債券需求量正好等於願意供給債券者的債券供給量的情況。若以上述兩組債券供需函數表示，則債券市場均衡時，(10)式與(11)式皆必須成立：

$$B^d(r) = B^s(r) \tag{10}$$

$$B^d(P^B) = B^s(P^B) \tag{11}$$

　　若根據(10)式，予以圖解分析，我們可將上述圖 9–2 的債券需求曲線 $B^d(r)$ 與圖 9–4 的債券供給曲線 $B^s(r)$ 繪於圖 9–6，並由圖中 $B^d(r)$ 曲線與 $B^s(r)$ 曲線的交點決定均衡利率 r_0 與均衡債券數量 B_0。

　　利用(11)式的均衡條件予以圖解分析，則可將圖 9–3 的債券需求曲線 $B^d(P^B)$ 與圖 9–5 的債券供給曲線 $B^s(P^B)$ 置於圖 9–7，即可決定均衡的債券市場價格 P_0^B 與債券數量 B_0。

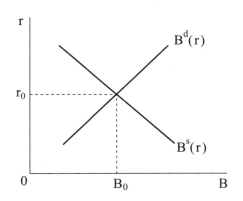
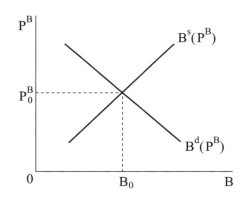

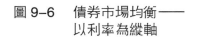

圖 9–6　債券市場均衡——　　　圖 9–7　債券市場均衡——
　　　　以利率為縱軸　　　　　　　　　　以債券價格為縱軸

　　圖 9–6 債券市場均衡所決定的為均衡利率與均衡債券數量，而圖 9–7 所決定的卻為均衡債券市場價格與均衡債券數量。因為債券市價與債券利率具有反方向變動之關係，所以兩種均衡分析法所代表的實係一體兩面。

9.2.4　債券市場均衡之變動

㈠影響債券需求之因素

影響債券需求的因素主要有四個原因：財富、預期報酬率、風險及流動性等，這些因素的變動對債券需求、債券價格及利率的影響整理於表 9–1。

1. 財　富

當人們擁有的財富愈多，對債券的需求也會隨之增加，而使得債券需求線右移，利率往下變動，使得債券價格也跟著水漲船高。

2. 預期報酬率

在預期報酬率方面涉及預期利率、其他資產預期報酬率和預期通貨膨脹率三項。⑴預期利率：當預期未來利率上升，等利率上升時再購買，現在不需購買，需求線因此朝左移動，價格因此下降，利率也隨之提高。⑵其他資產預期報酬率：當其他資產預期報酬率增加時，代表債券的報酬率相對於其他資產降低，如此人們會減少對債券的需求，轉向投資其他資產以謀求較高的報酬，因此需求線左移，利率上揚，價格低落。⑶預期通貨膨脹率：預期通貨膨脹率的提高，將使債券的實質報酬下降，因而影響到持有債券的意願，需求曲線因此左移，造成利率上升，債券價格下降。

3. 風　險

當一項資產的風險愈高時，表示持有此項資產的報酬愈不穩定，隨時可能因外在因素而有所改變。所以在假設人們為風險怯避者 (Risk Averter) 的情況下，當風險愈高，則愈不願意持有此項資產。風險又可分為以下兩方面來說明：⑴債券本身的風險：根據上述假設，則可以知道如果持有債券風險提高，將使人民持有的意願降低，需求曲線因此左移，利率上漲，債券價格下跌。⑵其他資產的風險：其他資產風險提高的同時，代表了債券風險相對的降低，則持有意願提高，影響需求曲線的右移，進而使利率下降，價格上升。

4. 流動性

流動性高的資產變現力高，對持有者而言，持有成本較低。所以當債

券本身之流動性提高時，持有成本相對降低，需求量增加，需求線右移，使得利率下跌，價格上漲。而其他資產流動性變高的話，則使債券的相對流動性變弱，影響持有意願，需求線會左移，使利率上升，價格跌落。

表 9-1　影響債券需求之因素及其與利率之關係

影響因素		受影響因素		
		債券需求	利率	債券價格
1. 財富	↑	↑	↓	↑
2. 債券預期報酬率				
(1)預期未來利率	↑	↓	↑	↓
(2)其他資產預期報酬率	↑	↓	↑	↓
(3)預期通貨膨脹率	↑	↓	↑	↓
3. 風險				
(1)債券本身的風險	↑	↓	↑	↓
(2)其他資產的風險	↑	↑	↓	↑
4. 流動性				
(1)債券本身之流動性	↑	↑	↓	↑
(2)其他資產之流動性	↑	↓	↑	↓

如果任何影響債券需求的因素改變，而債券供給不變，債券價格與利率當分別由 P_0^B 及 r_0 改變為 P_1^B 及 r_1。圖 9-8 之情況常在下列狀況下發生：(1)民間儲蓄及財富增加，令債券需求亦增加；(2)債券流動性升高、市場擴大以及風險降低等因素刺激需求增加；(3)貨幣供給增加，資金供給增加，使得債券購買量增加。

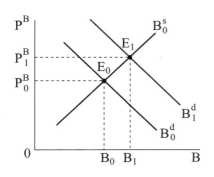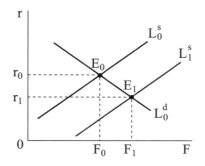

圖 9-8　債券市場需求增加

(二)影響債券供給之因素

影響債券供給的因素包括下述項目：投資機會、預期通貨膨脹率、財政赤字等，以下將分項說明。

1. 投資機會

投資機會增加，債券供給也跟著提升，利率受其影響會跟著上升，價格則和利率成反向變動，往下調整。

2. 預期通貨膨脹率

通貨膨脹率提高的話，對債務人有利，因為物價提高，將使得貨幣貶值，就實質面而言，債務人的負擔減輕，所以債券的供給會增加，利率也因此上漲，價格跌落。

3. 財政赤字

當政府發生預算赤字時，發行債券以融通資金已成為最普遍的方式。所以債券供給會隨之增加，造成利率上升，價格下跌。

表 9-2　影響債券供給之因素及其與利率之關係

影響因素		受影響因素		
		債券供給	利率	債券價格
1. 投資機會	↑	↑	↑	↓
2. 預期通貨膨脹率	↑	↑	↑	↓
3. 財政赤字	↑	↑	↑	↓

圖 9-9 之情況可能在下列幾種狀況下發生：(1)企業預期獲利能力提高，增加公司債發行來籌措資金；(2)政府財政收支惡化，增加公債發行量以解決財務赤字問題。

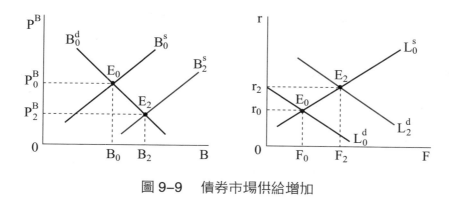

圖 9-9　債券市場供給增加

9.3　流動性偏好理論

　　凱因斯所提出的流動性偏好理論認為，利率係由貨幣供給與貨幣需求決定的。本節將說明在流動性偏好理論架構下，均衡利率水準如何決定，以及貨幣供需變動如何導致利率隨之變動等問題。

■── 9.3.1　貨幣市場均衡

㈠貨幣供給

　　凱因斯的流動性偏好理論假設貨幣供給量係由中央銀行決定的，政府可藉著貨幣供給的控制，達到增加有效需求或減少有效需求的目的，以影響所得與失業水準。在流動性偏好理論中，貨幣供給量一向被視為外生決定的變數，對於其決定的過程欠缺詳盡解釋。

㈡貨幣需求

　　從資產選擇理論來看，人們可在貨幣與債券兩種資產來抉擇，貨幣的報酬率為零，債券的預期報酬率則等於利率。利率上升使債券的預期報酬率隨之上升，造成大眾對債券需求增加，對貨幣的需求隨之降低。因此，貨幣需求與債券利率具有反方向變動的關係。除此之外，我們尚可由持有

貨幣而不持有債券的機會成本之角度，來探討貨幣需求與利率之反方向變動關係。持有貨幣而不持有債券的機會成本等於債券報酬率減貨幣的報酬率，因此，利率上升，持有貨幣的機會成本提高，貨幣需求因之減少。

(三)貨幣市場均衡

　　貨幣需求量與利率為反向關係，以縱軸代表利率 r，橫軸代表貨幣數量 M，則貨幣需求函數將如圖 9-10 所示，為一條斜率為負的曲線$M^d(r)$。假設貨幣供給為外生變數，所以貨幣供給曲線如圖 9-10 垂直線M^s所示。依據流動性偏好理論，在貨幣需求曲線 $M^d(r)$ 與貨幣供給曲線 M^s 相交的一點 E，可以決定均衡利率 r_0。如果利率高於 r_0，貨幣市場將發生貨幣供給量大於貨幣需求量的超額貨幣供給，利率持續下跌，直到利率一直降到 r_0 時超額貨幣供給才消失，市場才會又恢復均衡。反之，若利率低於 r_0，則貨幣市場將有超額貨幣需求發生，利率持續上升，至 r_0 後才又達成均衡。因此，均衡利率將決定於貨幣供給等於貨幣需求的那一點。當貨幣需求或貨幣供給變動時，均衡利率便會變動。

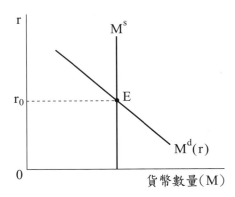

註：流動性偏好理論之利率水準由貨幣市場供需決定。

圖 9-10　貨幣市場均衡利率之決定

9.3.2　貨幣市場均衡之變動

　　貨幣市場均衡的變動，可能是起因於貨幣需求的變動，亦可能是起因於貨幣供給的變動，造成利率水準之變動。

　　倘若所得水準改變，會造成貨幣需求曲線的移動而使利率水準變動。如果經濟景氣轉好，所得增加，使貨幣需求增加，貨幣需求曲線向上移動至 $M_1^d(Y_1)$，資金市場將改變，利率水準因此會增加為 r_1，貨幣市場之均衡也隨之改變，由 E_0 至 E_1。反之，在景氣蕭條而所得減少時，貨幣需求曲線下移至 $M_2^d(Y_2)$，會使利率降低，由 r_0 移至 r_2，均衡點也隨之變動為 E_2（圖9–11）。

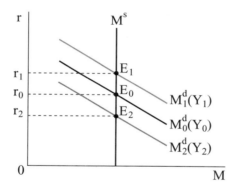

註：當貨幣需求由 M_0^d 增加至 M_1^d，均衡點由 E_0 移至 E_1；
　　當貨幣需求由 M_0^d 減少至 M_2^d，均衡點則移至 E_2。

圖 9–11　均衡之變動──貨幣需求變動

　　貨幣供給的變動，例如貨幣量增加，會使貨幣供給線由 M_0^s 右移至 M_1^s，使得貨幣市場產生超額供給，造成利率水準下跌（由原本的 r_0 下降至 r_1），均衡點也從 E_0 移至 E_1。相反地，若貨幣供給量減少，則會使貨幣供給線左移至 M_2^s，而造成利率水準上漲到 r_2，均衡點移至 E_2（圖9–12）。

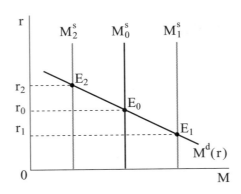

註：當貨幣供給由 M_0^s 增加至 M_1^s，均衡點由 E_0 移至 E_1；
　　當貨幣供給由 M_0^s 減少至 M_2^s，均衡點由 E_0 移至 E_2。

圖 9–12　　均衡之變動——貨幣供給變動

貨幣供給增加後，對貨幣市場將產生下述影響：

首先是「流動性效果」。圖 9–13 顯示：貨幣供給由 M_0^s 右移至 M_1^s 時，在原貨幣需求曲線 $M_1^d(r)$ 下，利率由 r_0 下降至 r_1，此稱為流動性效果。除流動性效果之外，尚有三種效果。

人們預期通貨膨脹率會上升，故對貨幣需求增加，即「預期通貨膨脹效果」；且時間愈久，價格趨升，造成「價格效果」；價格上升使得交易性貨幣需求增加，且透過「所得效果」，財產所得增加，使貨幣需求再增加，因此，貨幣需求曲線右移，由 $M_1^d(r)$ 右移至 $M_2^d(r)$，利率提升至 r_2。

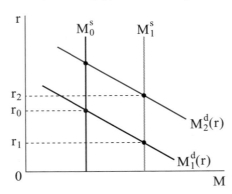

圖 9–13　　貨幣供給增加

圖 9–14 顯示貨幣供給增加後對利率影響之遞延效果。首先，流動性效

果使利率下跌，接著，預期通膨效果、價格效果及所得效果會使利率回升，甚至超過原來利率下跌的幅度。

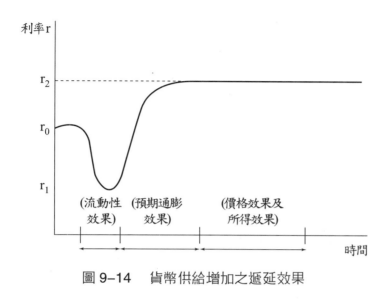

圖 9–14　貨幣供給增加之遞延效果

　　因此，中央銀行透過貨幣供給來影響市場利率時，有遞延效果，短期與長期效果不同，故中央銀行執行貨幣政策對總體經濟之影響，不易完全掌控。

9.3.3　凱因斯的流動性陷阱

　　1930 年代經濟大蕭條，許多經濟活動停滯，市場價格出現僵固現象，利率失去調節資金市場之功能，凱因斯稱之為陷入流動性陷阱 (Liquidity Trap)。所謂流動性陷阱是指：當利率低至某一水準時，人們預期利率將會於未來回升，且因債券價格與利率呈反向變動，當利率低點時為債券價格高點，預期未來債券價格會下跌，故目前會增加貨幣持有，減少債券持有，預備將來利率上升時再拋出貨幣來購買債券，以賺取利息；因此，所有目前增發的貨幣都會被無止境的持有，利率維持在一個低水準不再下跌，陷入了流動性陷阱。

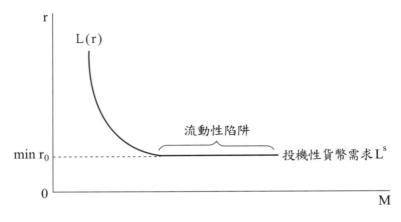

圖 9–15　凱因斯的流動性陷阱

9.4　經濟實務話題

9.4.1　2000 年至 2004 年間各國央行升降息現象

2000 年末以來，各國央行連續降息。尤其美國聯邦準備銀行 (Fed) 降息以後，其他國家亦會跟進。自表 9–3 可見，Fed 在 2001 年之後一再調降利率，但至 2004 年則改變利率政策，開始調升利率。

以臺灣而言，央行在 2001 至 2003 年也連續降息，數度調降重貼現率與擔保放款融通利率。

中央銀行在 2001 至 2003 年間採用貨幣政策微調方式。由於行庫資金充沛，故央行以「小幅度多次」的微調方式，持續調降「擔保放款融通利率」及「重貼現率」，調幅約僅半碼（一碼 =0.25%）。

除了上述方式外，央行尚搭配其他政策大幅調降利率：一方面大幅調降利率，另方面同時透過公開市場操作方式，沖銷市場過剩資金，或是道德勸說、要求、鼓勵行庫增加放款、選擇性信用管制、協助企業取得貸款資金，以解決「資金需求不足」的問題。例如提高中小企業信用保證基金保證倍數，由淨值的 10 倍提高為 15 倍，並將銀行授權保證成數提高。

表 9–3　美國與臺灣之央行 2000 年～2004 年間調整利率概況

單位：%

美國			臺灣		
日期	重貼現率	聯邦資金利率	日期	重貼現率	擔保放款融通利率
2000　02/02	5.25	5.75	2000　03/24	4.625	5.000
03/21	5.50	6.00	06/27	4.750	5.125
05/16	–	6.50	12/29	4.625	5.000
05/19	6.00	–			
2001　01/03	5.75	6.00	2001		
01/04	5.50	–	02/02	4.375	4.750
01/31	5.00	5.50	03/06	4.250	4.625
03/20	4.50	5.00	03/30	4.125	4.500
04/18	4.00	4.50	04/23	4.000	4.375
05/15	3.50	4.00	05/18	3.750	4.125
06/27	3.25	3.75	06/29	3.500	3.875
08/21	3.00	3.50	08/20	3.250	3.625
09/17	2.50	3.00	09/19	2.750	3.125
10/02	2.00	2.50	10/04	2.500	2.875
11/06	1.50	2.00	11/08	2.250	2.625
12/11	1.25	1.75	12/28	2.125	2.500
2002			2002　06/28	1.875	2.250
11/06	0.75	1.25	11/12	1.625	2.000
2003　01/09	2.25		2003		
06/25	2.00	1.00	06/27	1.375	1.750
2004　06/30	2.25	1.25	2004		
08/10	2.50	1.50			
09/21	2.75	1.75	10/01	1.625	2.000
11/10	3.00	2.00	12/31	1.750	2.125
12/14	3.25	2.25			

【思考題】：為何中央銀行要調整重貼現率？其效果如何？臺灣與美國的調降利率時間相差多少？調幅相差多少？

　　另一項強力的貨幣政策工具，為調降存款準備率。降低存款準備率水準，調整國內準備金制度結構性問題，可進一步降低銀行資金成本，產生擴張性效果。但因釋出強力貨幣，效果甚強，通常乃是在中央銀行意圖大幅扭轉市場資金情勢時方採取此措施，否則中央銀行往往先採取調整重貼現率與擔保放款融通利率之措施。

表 9-4　　央行調整應提準備率概況

單位：對存款額百分比

調整期　　調整後利率	1999/07/07	2000/10/01	2000/12/08	2000/12/29	2001/10/04	2001/11/08	2002/06/28	應提準備率上限
支票存款	15.0	13.5	13.5	13.5	10.75	10.75	10.75	25
活期存款	13.0	13.0	13.0	13.0	9.775	9.775	9.775	25
活期儲蓄存款	5.50	6.50	6.50	6.50	5.5	5.5	5.5	15
定期存款	7.00	6.25	6.25	6.25	5.00	5.00	5.00	15
定期儲蓄存款	5.00	5.00	5.00	5.00	4.00	4.00	4.00	15
外匯存款	0	0	5.0	10.0	5.0	2.5	0.125	25

資料來源：《中華民國臺灣地區金融統計月報》，2005 年 3 月，中央銀行。

　　各種寬鬆性貨幣政策工具採用之後，會導引市場利率下跌，如圖 9-16 顯示臺灣存款加權平均利率，在 1991 至 2004 年間呈現長期下跌趨勢。

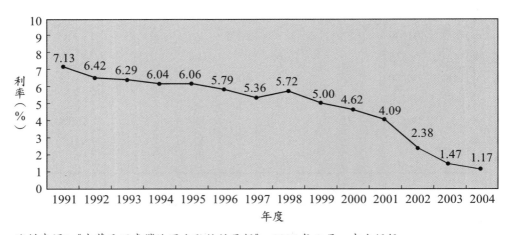

資料來源：《中華民國臺灣地區金融統計月報》，2005 年 3 月，中央銀行。

圖 9-16　　臺灣存款加權平均利率

本章重要詞彙

華納斯法則 (Walras' Law)

可貸資金理論 (Loanable Funds Theory)

流動性偏好理論 (Liquidity Preference Theory)

可貸資金市場 (Loanable Funds Markets)

債券市場 (Bonds Markets)

流動性陷阱 (Liquidity Trap)

 本章練習題

1. 何以可貸資金市場分析法與債券市場分析法可以互通?

2. 景氣好轉時，對利率有何影響? 請用可貸資金理論與流動性偏好理論說明之。

3. 政府減少貨幣供給時，對利率有何影響?

 本章參考文獻

1. 柳復起 (2000)，《總體經濟學》，華泰文化。

2. 梁發進、徐義雄 (1994)，《貨幣銀行學》，第五章，國立空中大學。

3. 謝登隆、徐繼達 (1999)，〈古典學派與凱因斯學派之比較〉，《總體經濟理論與政策》，第六章，七版，智勝文化。

4. Arshadi, Nasser, and Gordon V. Karels (1997), *Modern Financial Intermediaries & Markets*, Chapter 12, International Edition, Prentice-Hall.

5. Mishkin, Frederic S. (1995), *The Economics of Money, Banking and Financial Markets*, Chapter 6, Fourth Edition, New York: Harper Collins.

6. Thomas, Lloyd B. (1997), *Money, Banking, and Financial Markets*, Chapter 5, International Edition, New York: McGraw-Hill.

7. Tsiang, S. C. (1989), *Finance Constraints and the Theory of Money: Selected Papers*, edited by Meir Kohn, Academic Press, Inc.

第 十 章

總需求分析：IS–LM 模型

　　分析貨幣政策對所得與利率之影響時，須透過商品市場供需與貨幣市場供需來剖析。由商品市場均衡可求得 IS 曲線，由貨幣市場均衡可求得 LM 曲線，這兩個市場共同達到均衡時便可求得均衡利率與均衡所得，而貨幣政策與貨幣需求的影響亦可透過這種 IS–LM 分析法來研究。

　　在本章中，第一節探討 IS、LM 曲線的構成及其所代表之經濟意義，並探討其均衡達成之意義，第二節說明 IS 曲線之構成，第三節為 LM 曲線之構成，第四節是 IS–LM 曲線之均衡，同時亦決定出均衡之利率與所得，而第五節則說明貨幣政策與財政政策之影響。

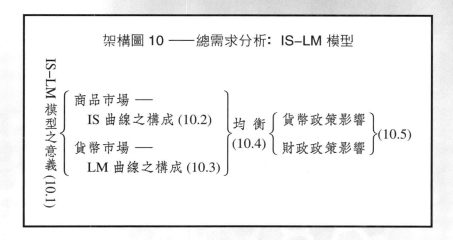

架構圖 10 —— 總需求分析：IS–LM 模型

IS–LM 模型之意義 (10.1)
　商品市場 ——
　　IS 曲線之構成 (10.2)
　貨幣市場 ——
　　LM 曲線之構成 (10.3)
均衡 (10.4)
　貨幣政策影響
　財政政策影響
(10.5)

10.1　IS–LM 模型之意義

　　為分析政府政策與其他外生變數變動對總體經濟（所得、利率、物價）之影響，可用 IS–LM 與 AD–AS 模型來作為分析之工具，用以分析貨幣政策或財政政策對所得、利率、物價等變數之影響。

　　IS–LM 與 AD–AS 模型的分析，需先將總體經濟分成若干部門，一個社會上的各種經濟活動，可分成幾個部門，最重要的部門包括商品市場、貨幣市場、債券市場與勞動市場等。在華納斯法則 (Walras' Law) 下，可省略一個市場，只要其餘市場之總供需達到均衡，則整個經濟之總供需自是均衡。吾人可省略掉債券市場，只分析商品市場、貨幣市場與勞動市場之總體均衡。在這個總體均衡的架構下，來探討政府政策對總體經濟變數（利率、所得、物價）之影響。

　　根據商品市場的均衡，可推導出所得與利率的各種組合，稱為 IS 曲線，根據貨幣市場的均衡，可推導出另一套所得與利率的組合，稱為 LM 曲線；當商品市場與貨幣市場達到均衡時，即 IS 曲線與 LM 曲線的交點，即可決定出均衡的所得與利率的水準。由此均衡點，再進一步推導出總需求 (Aggregate Demand, AD) 曲線。另方面，由勞動市場的均衡，可推導出總供給 (Aggregate Supply, AS) 曲線。最後，由總需求與總供給曲線的交點，決定出均衡的物價與所得水準。

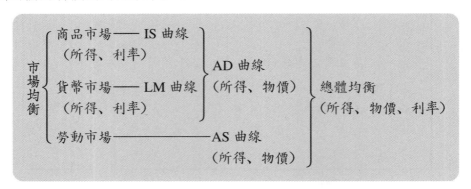

圖 10–1　IS–LM 與 AD–AS 架構

10.2 商品市場──IS 曲線之構成

　　IS 曲線為商品市場均衡下利率與所得之軌跡，即是利率水準與所得水準同時調整下，使商品供給等於商品需求。

　　假設商品市場內的最終需求只包含兩個項目：消費與投資。消費函數示如下式：

$$C = a + bY$$

　　式中 C 為消費，Y 為所得，a 為生存所需要之最低消費水準，b 為邊際消費傾向。

　　投資函數亦如下式：

$$I = I_0 - vr, \quad I_0, v > 0$$

　　I 為投資量，r 為利率。投資與利率之間為負向關係。當利率水準提高時，廠商生產成本提高，除非廠商的投資邊際效益能夠高於此利率水準，否則廠商不會進行此投資決策，於是乎，利率水準上升會使投資減少。I_0 為不受利率影響的固定投資額，v 為受利率影響之邊際投資傾向。

　　商品市場內的行為與關係，可由下列三個方程式表示：

$$C = a + bY \tag{1}$$

$$I = I_0 - vr \tag{2}$$

$$Y = C + I \tag{3}$$

　　(1)式為消費函數，表示消費者對消費之計畫支出隨所得之增加而增加。(2)式為投資函數，表示投資者對投資之計畫支出隨利率之降低而增加。(3)式為所得定義方程式，表示所得由消費與投資所構成（消費函數與投資函數並非一定為線性函數，此地只為簡化起見，作此假設。又因儲蓄為所得中消費後之剩餘，故(1)式消費方程式實際上已可自動化成儲蓄函數）。

依這商品市場的三個方程式，將(1)與(2)分別代入(3)式，可得下式:

$$Y = \frac{(a + I_0 - vr)}{(1 - b)} \tag{4}$$

(4)式為 IS 曲線的方程式，它表示使儲蓄等於投資而使商品市場達到均衡的 Y 與 r 的各種組合。換言之，Y 與 r 之間需維持(4)式的關係，才能達到儲蓄等於投資的均衡條件，從而才可使商品市場達到均衡。

由此可知，商品市場的均衡必產生在 IS 曲線上。在這 IS 曲線上有無數的點都表示儲蓄等於投資。

10.2.1　IS 曲線之推導——四圖方式

其次就 IS 曲線圖示如下。茲將用四個圖的方式，說明如何由商品市場的行為與均衡條件構成 IS 曲線。圖 10–2 乃由四個圖，(A)(B)(C)(D)所構成。圖(A)表示投資為利率的遞減函數，I=I(r)。圖(B)表示為達到商品市場的均衡，儲蓄須等於投資，S=I。圖(C)表示儲蓄為所得之遞增函數，S=S(Y)。就圖(A)上任何一個特定的 r 而言，即有一個相對應的特定的 I，蓋 I=I(r)。就此特定的 I 而言，在圖(B)上，即有一個相對應的特定的 S，蓋 S=I。就此特定的 S 而言，在圖(C)上有一個相對應的 Y，蓋 S=S(Y)。如此，就一個特定的利率水準言，即有一個特定的 Y。舉例言之，與 r_1 相對應的 I 為 I_1；與 I_1 相對應的 S 為 S_1；與 S_1 相對應的 Y 為 Y_1。如此，與 r_1 相對應的 Y 為 Y_1。於圖(D)，以 r_1 與 Y_1 為座標可得一點 E_1。E_1 乃為根據特定函數 I=I(r)，S=S(Y) 所獲之 IS 曲線上之一點，我們可由任何其他利率水準 r_2，依相同道理獲得相對應之 Y_2，而得 E_2 點。如此，可獲各種水準之 r 與其相對應之 Y，而由此可獲無數之點於圖(D)上。將圖(D)上之這些點連結起來，即成 IS 曲線。申言之，特定的投資函數與儲蓄函數，表示該社會之特定行為的型態，而依這些特定的型態，為滿足商品市場均衡條件，需要所得與利率之間密切的配合，以使儲蓄等於投資。IS 曲線所表示的是依這種行為型態，為達到均衡，利率與所得之間必須配合的情況。因此，IS 曲線也是在既定情況下，使儲蓄等於投資的利率與所得之組合的軌跡。

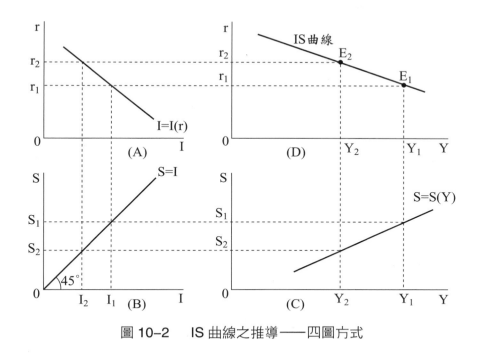

圖 10–2　IS 曲線之推導——四圖方式

10.2.2　IS 曲線之推導——四象限圖方式

　　構成 IS 曲線的圖示，有幾種不同的方式，但其立意均相同。除了上述方式外，一種同樣普遍的方式，採用將原點置於中間的方式，如圖 10–3。圖 10–3 中，第二象限為投資函數（利率與投資的關係），第四象限為儲蓄函數（儲蓄與所得的關係），第三象限為商品市場均衡式（儲蓄與投資相等）；第二、三、四象限結合之後，就成為第一象限，其利率與所得之軌跡，即稱為 IS 曲線。

　　由圖 10–2 與圖 10–3 的比較可知，兩種構成的方式，除了座標的方向以外，完全沒有相異之處。

　　就 IS 曲線的型態而言，它是一條負斜率的曲線。它表示利率愈高所得愈低；利率愈低所得愈高。低利率之所以與高所得配合，是因為利率較低時投資需求較多，而為了應付這較多的投資，儲蓄亦必須較多，為了要有較多的儲蓄，所得亦必須較多的緣故。反過來講，所以有高所得與低利率

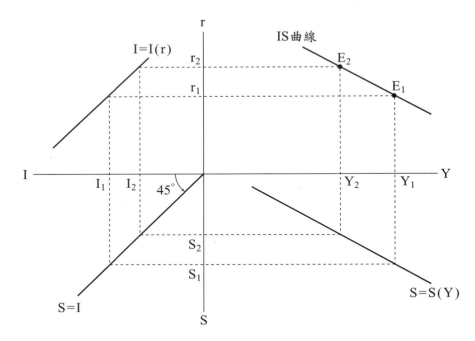

圖 10–3　IS 曲線之推導──四象限圖方式

相配合，乃是因為當所得較多時儲蓄較多，而與儲蓄相等的投資亦較多，而這較多的投資必須與較低的利率水準配合在一起。如此，不論由哪一方面觀之，在 IS 曲線上，低利率與高所得、高利率與低所得通常配合在一起。因此 IS 曲線乃為一條向右下方逐漸下降的曲線。

　　將此模型擴充，把政府部門引進來，加上政府支出以及稅收，其中 T 為所得 Y 之函數，則商品市場均衡方程式為：

$$I(r) + G = S(Y) + T(Y)$$

　　再進一步將模型擴充，把貿易部門引進來，考慮出口 X 與進口 Im，Im 為所得之函數，則商品市場均衡式為：

$$I(r) + G + X = S(Y) + T(Y) + Im(Y)$$

　　代入四象限圖中推導 IS 曲線，推導過程相同，同樣可推導出負斜率之 IS 曲線。

10.2.3　總需求變動對 IS 曲線之影響

IS 曲線顯示出商品市場的均衡式：

$$I + G + X = S + T + Im$$

當財政支出增加時，會使 IS 曲線右移。如圖 10–4 所示，當第二象限曲線由 $I+G_1+X$ 上移至 $I+G_2+X$ 時，由圖中可推導出，當所得為 Y_1 時，在商品市場均衡下的利率水準不再是 r_1，而是提高至 r_2。以此類推，IS_1 曲線會上移至 IS_2。

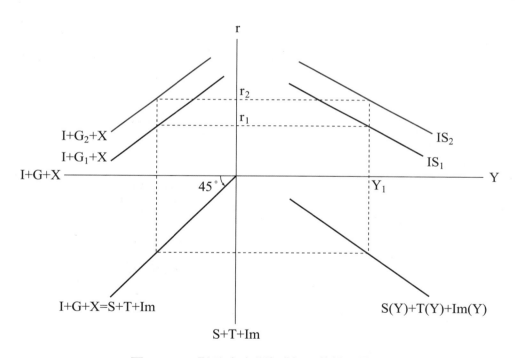

圖 10–4　財政支出增加對 IS 曲線之影響

以此類推，將此模型擴充，只要影響總需求的變數增加（例如政府支出增加、民間投資增加或出口增加），便會使 IS 曲線右移。

10.3　貨幣市場——LM 曲線之構成

LM 曲線為貨幣市場供需均衡下利率與所得之軌跡。貨幣市場包括貨幣需求與貨幣供給，貨幣市場可由下列兩個方程式表示：

$$M^d = L(r, Y) \tag{5}$$
$$M^s = M_0 \tag{6}$$

(5)式為貨幣需求函數。依凱因斯所定義之貨幣需求動機，包括交易動機、預防動機與投機動機，前二者主要受到所得影響，所得愈高則民眾為交易活動與預防性目的所需求的貨幣量會愈高；第三者投機動機主要受到利率影響，當債券利率提高時，認為購買債券有助於未來利率降低時賺取差價利潤，故貨幣需求減少。而貨幣需求由交易動機加上預防動機的 L^t 與投機動機的 L^s 所產生，故視貨幣需求為所得與利率的函數，以 $L(r, Y)$ 表示之。(6)式為貨幣供給函數，此視貨幣供給為固定數量 M_0。

因貨幣市場須以貨幣需求函數與貨幣供給的相等為均衡條件，故得(7)式如下：

$$L(r, Y) = M_0 \tag{7}$$

(7)式為 LM 曲線的方程式，它表示使貨幣需求等於貨幣供給之 Y 與 r 的關係。換言之，Y 與 r 之間須維持(7)式關係，才能使貨幣需求等於貨幣供給，從而可使貨幣市場達到均衡。(7)式所表示的是一條曲線，而非單獨的一個點。

LM 曲線之推導，可用三種方式。第一種是運用貨幣供需圖，第二種為四圖方式，第三種是運用四象限圖，茲分述如下。

10.3.1　LM 曲線之推導——貨幣供需圖

貨幣需求函數如圖 10-5 所示，貨幣需求與利率為負向關係，如 L 線。當所得為 Y_1 時，貨幣需求線為 $L(Y_1)$；當所得增加為 Y_2 時，貨幣需求線為

$L(Y_2)$。可見，所得由 Y_1 增加至 Y_2 時，均衡利率由 r_1 上升至 r_2，所得與利率呈正向關係。

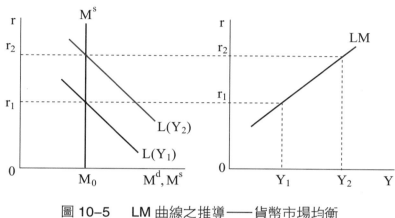

圖 10–5 LM 曲線之推導——貨幣市場均衡

10.3.2 LM 曲線之推導——四圖方式

茲仍採用四個圖的方式，說明如何由貨幣市場的行為與均衡條件構成 LM 曲線。圖 10–6 乃由四個圖(A)(B)(C)(D)所構成。圖(A)表示投機動機貨幣需求 L^s 為利率的遞減函數，$L^s=L(r)$。圖(B)表示均衡條件，貨幣供給等於貨幣需求，令 $M^s=M_0$，則 $M_0=L^s+L^t$；在圖中，L^t 為固定的 M_0 減去 L^s 的剩餘。圖(C)表示交易及預防動機貨幣需求 L^t 為所得的遞增函數，$L^t=kY$。就圖(A)上任何一個特定的 r 而言，即有一個相對應的特定的 L^s，蓋 $L^s=L(r)$。就這特定的 L^s 而言，在圖(B)上，即有一個相對應的特定的 L^t，蓋 $M_0=L^s+L^t$。就這特定的 L^t 言，在圖(C)上即有一個相對應的 Y，蓋 $L^t=kY$。舉例言之，與 r_1 相對應的 L^s 為 L_1^s；與 L_1^s 相對應的 Y 為 Y_1。如此，與 r_1 相對應的 Y 為 Y_1。於圖(D)，以 r_1 與 Y_1 為座標可得一點 E_1。E_1 乃為根據特定函數 $L^s=L(r)$，$L^t=kY$ 及 $M_0=L^s+L^t$ 所獲得之 LM 曲線之一點。我們可由任何其他利率水準 r_2，依相同道理獲得相對應之 Y_2，而得 E_2 點。如此，可獲各種水準之 r 與其相對應之 Y，而由此可獲無數之點於圖(D)上。將圖(D)上這些點連結起來，即成 LM 曲線。

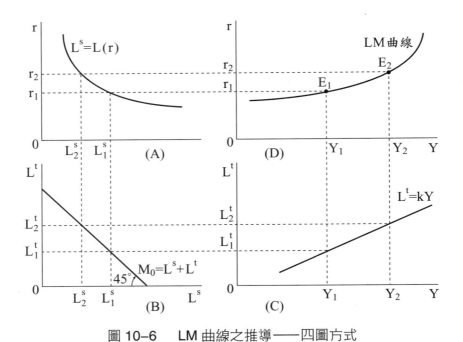

圖 10-6　　LM 曲線之推導——四圖方式

　　申言之，為滿足貨幣市場的均衡條件需要利率與所得之間密切的配合，以使貨幣需求等於貨幣供給。LM 曲線所表示的是依這種行為型態，為達到均衡，利率與所得之間必須配合的情況。因此，LM 曲線也是在既定的情況下，使貨幣供給等於貨幣需求的利率與所得之組合軌跡。

10.3.3　LM 曲線之推導——四象限圖方式

　　構成 LM 曲線方式，有幾種不同的圖解，但不論以哪一種方式構成，其意義無任何差別。與圖 10-6 相對應的構成方式，可圖示如圖 10-7。
　　就 LM 曲線的型態而言，它是一種正斜率的曲線，它表示利率愈高所得愈高；利率愈低所得愈低。高利率之所以與高所得相配合，是因為當利率較高時，投機動機的貨幣需求較少，致有更多資金可利用於生產用途，可生產更多產量的緣故。反過來講，所以有高所得與高利率相配合，是因為當所得提高時，交易及預防動機的貨幣需求較多，把貨幣用於生產方面的程度增加，致所剩的投機貨幣較少，因此，使利率必然較高。如此，不論從哪一方面觀之，皆使 LM 曲線成為一條向右上方逐漸上升的曲線。同

時，因為投機動機的貨幣需求函數，在利率很低時彈性很大，使 L^s 曲線在低利率範圍內成水平線，所以 LM 曲線受這影響，也在利率很低時彈性很大，而在低利率範圍內成水平線狀態。

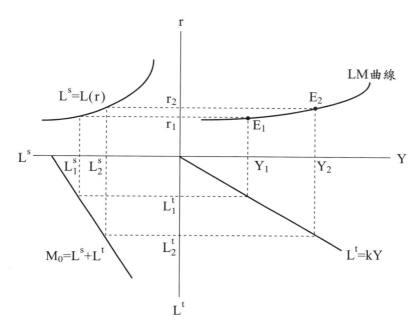

圖 10–7　LM 曲線之推導──四象限圖方式

以上分析並未探討物價之變動，若將物價考慮進來，貨幣量 M 除以物價 P 之後，得到實質貨幣餘額 M/P，以 m 代表之。在四象限圖中的第三象限以下式呈現：

$$m = \frac{M}{P} = L^s + L^t$$

在此情形下，仍可推導出第一象限的正斜率 LM 曲線。

10.3.4　貨幣供需變動對 LM 曲線之影響

當貨幣市場產生變動時，直接影響到 LM 曲線的移動。這又可分貨幣需求及貨幣供給兩方面來說明。

㈠貨幣需求面變動

當實質貨幣需求產生變動時，主要可分成投機動機 (L^s) 和交易及預防動機 (L^t) 兩方面來探討。⑴當投機動機的實質貨幣需求上升，則大眾想保有更多的貨幣以購買債券，因此造成 L^s 曲線左移，LM 曲線上移（見圖 10–8）。⑵當交易及預防動機的實質貨幣需求上升時，表示大眾想保有多餘的貨幣來交易，影響到 L^t 曲線的移動，因而 LM 曲線往上移動，達到新均衡（見圖 10–9）。

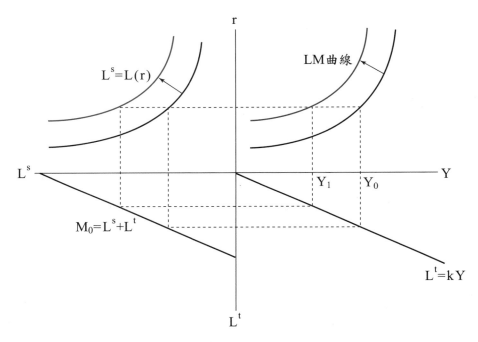

圖 10–8　投機動機貨幣需求增加對 LM 曲線之影響

㈡貨幣供給面變動

貨幣供給增加後，會使代表貨幣市場均衡的 $M_0=L^s+L^t$ 曲線往外移動，因此，再依四象限圖依序作圖，將可看到 LM 曲線向右移動（見圖 10–10）。

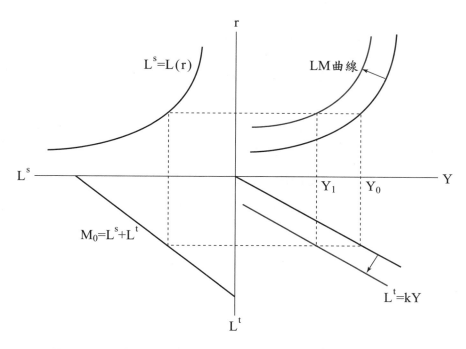

圖 10-9 交易及預防動機貨幣需求增加對 LM 曲線之影響

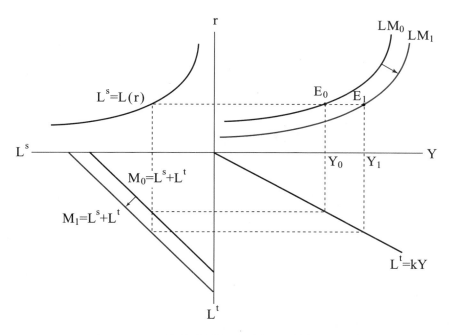

圖 10-10 貨幣供給增加對 LM 曲線之影響

10.3.5 流動性陷阱下之 LM 曲線

在有流動性陷阱之情況，LM 曲線有一段呈現水平型態。此現象會影響貨幣政策與財政政策在追求總體經濟穩定目標方面的相對成效。假設在低利率 $\bar{r}$ 附近貨幣需求之利率彈性接近無限大，則當時所得水準由 Y_1 增為 Y_2 再增為 Y_3 時，對應於此三種所得水準之三條貨幣需求曲線分別為 L_1、L_2 及 L_3，貨幣需求隨所得增加而增加，如圖 10-11。此三條曲線反映一事實：所得愈高則貨幣需求量愈大，但是在利率為 $\bar{r}$ 附近則三曲線重合，此重合處即流動性陷阱處。

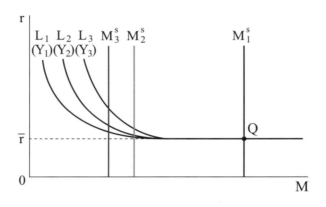

圖 10-11 流動性陷阱

在流動性陷阱下，貨幣需求變動無法影響利率，如圖 10-11 所示。如果貨幣供給為 M_1^s，它與三條貨幣需求曲線僅有一個交點 Q，這表示貨幣市場均衡條件下，所得雖增加而利率卻維持不變。唯有當貨幣供給與貨幣需求之相交處利率高於 $\bar{r}$（圖 10-11 中 M_2^s 或 M_3^s 與諸 L 線相交情況），才能出現所得與利率同時上升之組合。因此 LM 曲線在 $\bar{r}$ 之利率附近呈現一段水平型態。

在此情況之下，人們流動性偏好降低（貨幣需求降低）或貨幣供給增加對 LM 曲線之影響，是由 ABCD 連成之 LM 改變為由 ABC'D' 連成之 LM'（圖 10-12）。

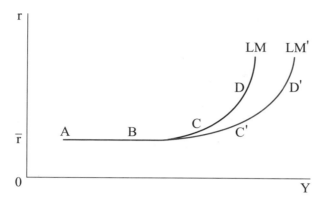

圖 10-12　　流動性陷阱下之 LM 曲線

10.4　IS-LM 曲線之均衡

　　依修正的凱因斯模型，均衡所得之形成，須以商品市場與貨幣市場之均衡為條件。因此，均衡所得指: 在商品市場內投資等於儲蓄，而同時在貨幣市場內貨幣需求等於貨幣供給的所得水準。我們知道，只有 IS 曲線上才使投資等於儲蓄，而只有 LM 曲線上才使貨幣需求等於貨幣供給。因此，均衡所得只能產生在 IS 曲線與 LM 曲線之交點。而均衡利率的達成，也是在 IS 曲線 (商品市場均衡) 與 LM 曲線 (貨幣市場均衡) 的交點上決定之，如圖 10-13 之 E 點。

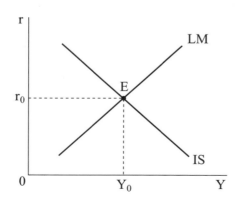

圖 10-13　　IS-LM 曲線之均衡

　　在 IS 曲線右邊，商品市場有超額供給或商品供過於求的情形，使所得趨於減少，如圖 10–14 之 A 點。比較 A 點和 B 點，相同的利率水準，而 A 點之所得水準比 B 點之所得水準為高，A 點之儲蓄水準比 B 點為高，鑑於 B 點為投資等於儲蓄之均衡點，A 點是儲蓄大於投資之非均衡點，商品市場供給大於需求，將驅使社會之所得降低，朝向 B 點移動。至於 IS 曲線左邊，如 D 點所示，乃是商品市場需求大於供給的區域，將驅使所得增加，朝向 IS 曲線之 C 點方向移動。

　　LM 曲線代表貨幣市場均衡，LM 曲線上方代表貨幣市場供給大於需求，LM 曲線下方代表貨幣市場需求大於供給。以 E 點而言，比較 E 點與 F 點，所得相同而利率不同，E 點之利率較高，故貨幣需求較低，貨幣市場為需求低於供給的情況，造成利率水準下跌的情勢。再看 LM 曲線下方 G 點，代表貨幣市場需求大於供給的情形，造成利率水準上漲，朝向 H 點方向。

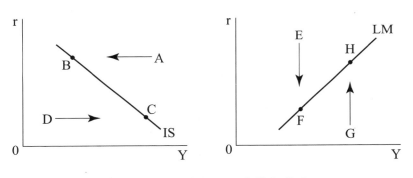

圖 10–14　　IS 與 LM 之均衡趨向

　　唯有當 IS 與 LM 相交處同時決定均衡利率與所得，商品市場與貨幣市場都達到均衡。

　　綜合 IS 曲線與 LM 曲線，其方程式列示於下。首先，設定所得恆等式如下述幾式：

$$Y = C + I + G$$
$$C = a + bY^d$$
$$Y^d = Y - T, T = t_0 + t_1 Y$$

$$I = I_0 - vr$$
$$G = G_0$$

IS 方程式：

$$Y = a + I_0 + G_0 - bt_0 + bY(1 - t_1) - vr$$

即：

$$Y = \frac{a + I_0 + G_0 - bt_0 - vr}{1 - b(1 - t_1)}$$

此式反映出 IS 曲線的 Y 與 r 為負斜率關係。

LM 方程式：

$$m^s = \frac{M^s}{P} = L^t + L^s = kY - lr + m_0^d$$

式中，k 與 l 分別為所得與利率對貨幣需求之影響，m_0^d 為常數項。

即：

$$r = \frac{1}{l}(kY + m_0^d - m^s)$$

此式反映出 LM 曲線的 Y 與 r 為正斜率關係。

10.5　政府政策對均衡之影響

㈠貨幣政策

　　政府若採用公共政策，將對均衡造成影響。當政府採用貨幣政策，增加貨幣供給，將使 LM 曲線右移，由 LM_0 移至 LM_1，均衡點由 E_0 移至 E_2，造成均衡所得增加，均衡利率下跌（圖 10–15）。

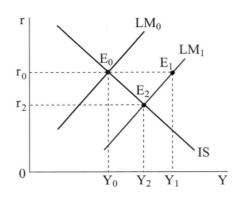

圖 10–15　貨幣政策效果

貨幣政策也有乘數效果。先由 **IS–LM** 模型方程式來看：

IS 曲線：

$$Y = a + I_0 + G_0 - bt_0 + bY(1 - t_1) - vr$$

LM 曲線：

$$m^s = \frac{M^s}{P} = kY - lr + m_0^d$$

$$r = \frac{1}{l}(kY + m_0^d - m^s)$$

假設貨幣供給增加，m^s 增加，而其他變數維持不變：$\Delta a = \Delta I_0 = \Delta G_0 = \Delta t_0 = \Delta m_0^d = 0$

仍以 LM 式所示：

$$\Delta r = (\frac{k}{l})\Delta Y - \frac{\Delta m^s}{l}$$

倘若利率不改變，令 $\Delta r = 0$，則 $\Delta Y = \frac{\Delta m^s}{k}$，如圖 10–15 中由 E_0 移至 E_1 點，所得變動為 $Y_0 Y_1$ 值。

若貨幣市場上利率的變化代入 IS 式，均衡點由 E_0 移至 E_2，方程式推解如下：

IS 式：

$$\Delta Y = \Delta Y [b(1 - t_1)] - v\Delta r$$

LM 式帶入 IS 式：

$$\Delta Y [1 - b(1 - t_1) + \frac{vk}{l}] = \frac{v}{l}\Delta m^s$$

化簡可得：

$$\Delta Y = \left[\frac{\frac{v}{l}}{1 - b(1 - t_1) + \frac{vk}{l}} \right] \Delta m^s$$

$$= \frac{v\Delta m^s}{l\left[1 - b(1 - t_1) + \frac{vk}{l} \right]}$$

$$= \frac{1}{\frac{l}{v}[1 - b(1 - t_1)] + k} \cdot \Delta m^s$$

$$= v_m^* \Delta m^s$$

其中 v_m^* 為貨幣政策效果乘數：

$$v_m^* = \frac{1}{\frac{l}{v}\left[1 - b(1 - t_1) \right] + k}$$

　　如圖 10-15 所示，它代表沿著 IS 線移動 LM，令利率下降而刺激投資，當 LM_0 移動到 LM_1 後所得增加之全盤效果為 $Y_0 Y_2$。

㈡財政政策

　　同理，若政府採用財政政策，政府支出增加 ΔG，亦會造成所得變動，使 IS 曲線移動，由 IS_0 右移至 IS_1，均衡點由 E_0 移至 E_2（圖 10-16）。

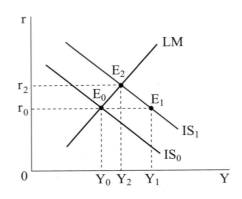

圖 10-16　財政政策效果

利用方程式求解，亦可得到政府支出乘數：

首先令 $\Delta a = \Delta I_0 = \Delta t_0 = \Delta m_0^d = \Delta m^s = 0$

IS 曲線：

$$\Delta Y = \Delta G + \Delta Y[b(1 - t_1)] - v\Delta r$$

將 LM 曲線代入 IS 曲線：

$$\Delta Y = \Delta G + b(1 - t_1)\Delta Y - \frac{v}{l}[k\Delta Y]$$

解出：

$$\Delta Y = \frac{\Delta G}{1 - b(1 - t_1) + \dfrac{vk}{l}}$$

$$= v_G^* \Delta G$$

其中 v_G^* 為政府支出乘數：

$$v_G^* = \frac{1}{1 - b(1 - t_1) + \dfrac{vk}{l}}$$

㈢流動性陷阱下之貨幣與財政政策

　　倘若 LM 曲線處於流動性陷阱階段，貨幣政策與財政政策的效果不同，此時經濟社會處於蕭條狀況，IS 與 LM 相交於圖 10–17 之 E_0 點，決定之均衡所得為 Y_0，此時政府如推行擴張性貨幣政策，LM_0 右移至 LM_1，如圖 10–17 (A)所示，其效果幾乎等於零，所得與利率皆不改變。

　　在流動性陷阱下，擴張性財政政策的功效特別強。如圖 10–17 (B)所示，IS_0 向右移動到 IS_1 後，均衡所得將大幅度增加，由 Y_0 上升到 Y_1，而且不會產生利率上升之排擠效果。

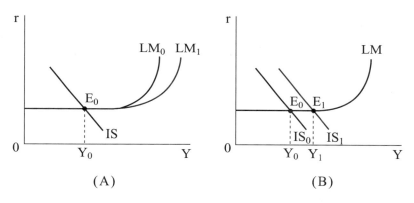

圖 10–17　　流動性陷阱下之貨幣與財政政策效果

㈣ LM 垂直下之貨幣與財政政策

　　古典學派貨幣理論與凱因斯主張大相逕庭。他們認為貨幣需求之利率彈性極小，因為貨幣之主要功用為交易之媒介，故決定貨幣需求之重要因素是國民所得，LM 曲線變成垂直型態。擴張性貨幣功效特別強，財政政策反而失去效力。如圖 10–18 為 LM 垂直下之擴張性貨幣與財政政策。

　　凱因斯學派學者均強調財政政策穩定經濟之功效，而輕視貨幣政策之地位。反之，遵循古典學派思想的貨幣學派則秉持相反觀點，重視貨幣政策而懷疑財政政策功效。以上討論可以作為兩派見解分歧之註釋。

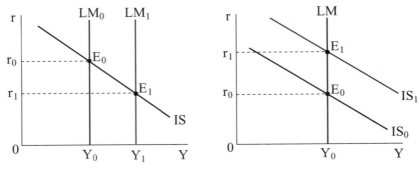

圖 10–18　　LM 垂直下之貨幣與財政政策效果

10.6　經濟實務話題

10.6.1　貨幣政策之決策

中央銀行第十六屆第十六次理監事會議有關貨幣政策之決議
（2003 年第 4 季）

⑴三年來（2001–2003 年）本行（中央銀行）持續採行寬鬆貨幣政策，
　對支撐景氣已逐漸發揮預期效果。惟展望明年（2004 年）通膨仍低，
　且內需尚待進一步提升，本行（中央銀行）仍將採行寬鬆政策，並
　將重貼現率、擔保放款融通與短期融通利率維持在現在（2003 年）
　水準，分別為年息 1.375%、1.75% 及 3.625%。

⑵貨幣總計數為央行貨幣政策中間目標。考量 2004 年經濟成長與物價
　情勢，並衡量國內外資本利得差異、金融資產選擇多樣化，以及其
　他金融面因素對貨幣需求之影響，將 2004 年 M2 成長目標區訂為
　2.5% 至 6.5%，「M2 加計債券型基金」成長目標區訂為 4.0% 至 8.0%，
　兩者中線值均較 2003 年提高 1 個百分點。

⑶新臺幣匯率制度為管理浮動 (Managed Float)，原則上係由市場供需
　決定匯率水準。若有季節性及偶發性（如短期資金大量進出）因素

干擾，導致市場供需失衡，造成匯率過度波動，致未能反映我國經濟基本情勢時，本行（中央銀行）將會適度調節，以維持新臺幣匯率之動態穩定。

⑷新舊曆年關將屆，為便利資金調度，若有銀行發生短期流動性不足問題，本行（中央銀行）將透過公開市場操作、貼現窗口融通方式，充分支應，以滿足社會大眾資金需求。

資料來源：《中央銀行季刊》，第二十五卷第四期，2003 年。

【思考題】：中央銀行制定貨幣政策時，會考慮哪些因素？

10.6.2　貨幣與成長

中央銀行之貨幣供給額成長率目標區之制定，通常將經濟成長率列為重要參考變數，在經濟復甦時，貨幣成長目標區傾向於調高；在經濟蕭條時，貨幣成長目標區傾向於調低。表 10-1 與圖 10-19 為歷年來之貨幣供給與經濟成長率之變動趨勢，有大致相同走勢。

表 10-1　貨幣成長率與經濟成長率

時間	M2 目標區	M2 目標區中線值	M2 平均年增率實際值	GDP 成長率
1995	10% ~ 15%	12.5%	10.21%	8.58%
1996	9% ~ 14%	11.5%	8.13%	9.41%
1997	9% ~ 14%	11.5%	8.26%	8.47%
1998	6% ~ 12%	9.0%	8.76%	7.33%
1999	6% ~ 11%	8.5%	8.33%	3.93%
2000	6% ~ 11%	8.5%	7.04%	4.02%
2001	5% ~ 10%	7.5%	5.79%	-1.62%
2002	3.5% ~ 8.5%	6.0%	3.55%	2.55%
2003	1.5% ~ 5.5%	3.5%	3.77%	1.19%
2004	2.5% ~ 6.5%	4.5%	7.46%	3.67%

資料來源：「貨幣成長目標區」及「全年平均年增率實際值」由央行提供。

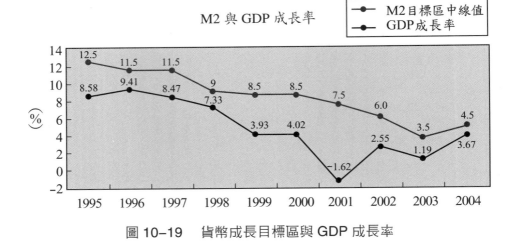

圖 10–19　貨幣成長目標區與 GDP 成長率

【思考題】：中央銀行制訂貨幣成長率目標區時，是否會考慮經濟成長率？其相
　　　　　　關程度如何？

 本章重要詞彙

投機動機貨幣需求　　　　　　　　交易及預防動機貨幣需求
財政政策　　　　　　　　　　　　貨幣政策

 本章練習題

1. 請說明：如果維持生存的基本消費水準提高，對 IS 曲線會有何影響？

2. 如果貨幣供給增加，對均衡利率與所得有何影響？

3. 請簡述 IS 曲線如何推導。

4. 請簡述 LM 曲線如何推導。

5. 設 IS 方程式為 Y=2,050−5,000r，LM 方程式為 Y=600+20,000r。請解此一聯立
   方程式之均衡所得與利率。

6. 假設 LM 曲線為 r=500/(200−0.2Y)，IS 曲線則介於 r=150/(0.2Y−20) 與 r=210
   /(0.2Y−20) 之間，請計算：
   (1)均衡所得介於多少之間？
   (2)均衡利率介於多少之間？

本章參考文獻

1. 郭婉容 (1996)，《總體經濟學》，第十七章，初版，三民書局。

2. Bramson, William H. 著 (1975)，梁發進譯，《總體經濟理論與政策》，第十四章，修訂版，三民書局。

3. Branson, William H. (1972), *Macroeconomics Theory and Policy*, Chapter 15, Harper International Edition, Harper & Row Publishers, Inc.

4. Thomas, Lloyd B. (1997), *Money, Banking, and Financial Markets*, Chapter 23, International Edition, New York: McGraw-Hill.

第十一章

總供需均衡： AD-AS 分析

　　用 IS-LM 模型分析之後，需進一步運用總需求 (Aggregate De-mand, AD) 與總供給 (Aggregate Supply, AS) 的均衡分析，方能探討物價、所得、利率如何同時達到均衡。本章將借助 AD-AS 模型來探討貨幣政策對於物價之影響。第一節先推導出總需求曲線，第二節再推導出總供給曲線，再於第三節將總需求曲線及總供給曲線結合，推導出完整的 AD-AS 模型，分析其供需均衡與變動，以及政府政策之影響。

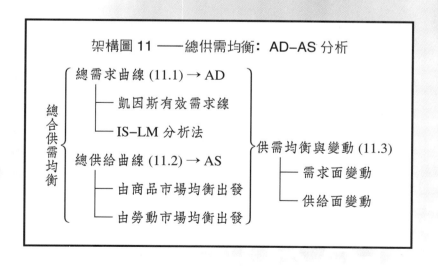

架構圖 11 —— 總供需均衡： AD-AS 分析

總合供需均衡
- 總需求曲線 (11.1) → AD
  - 凱因斯有效需求線
  - IS-LM 分析法
- 總供給曲線 (11.2) → AS
  - 由商品市場均衡出發
  - 由勞動市場均衡出發
- 供需均衡與變動 (11.3)
  - 需求面變動
  - 供給面變動

11.1　總需求曲線

11.1.1　總需求曲線之推導——凱因斯有效需求線

推導總需求曲線可用不同方式來進行，如：從凱因斯的有效需求模型出發，或從 IS–LM 模型出發。本節先從凱因斯的有效需求模型開始推導。

究竟全社會的產量為多少，而可使所得為多少，須同時考慮總供給與總需求。全社會的總需求乃由 C+I+G+X–Im 所構成，即消費 C 加投資 I 加政府支出 G 加輸出 X 減輸入 Im。換言之，這些正項的任何一項的增加，都會使總需求增加，而輸入的增加則會使國內總需求減少。

在簡單凱因斯模型中，當總需求超過充分就業的所得水準（生產水準）時，會引起物價的上漲。在圖 11–1 中，縱軸為以貨幣單位表示的總需求，C+I+G+X–Im，以 AE 表示，而橫軸為以貨幣單位表示的國民所得額，即名目所得，以 Z 表示之。AE=Z，則總需求函數（依凱因斯定義的總需求函數）與 45° 線所相交之處，產生均衡名目所得。

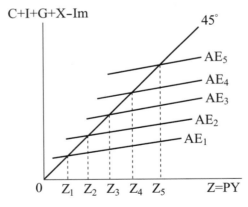

圖 11–1　凱因斯的 45° 線與需求曲線

名目所得 Z 決定之後，可進一步換為物價 P 與實質所得 Y 之關係，以 P 與 Y 為兩軸，每一個 Z 水準，均可繪為 P 為 Y 的雙曲線關係，如圖 11–2 所示，此即為總需求曲線 AD。

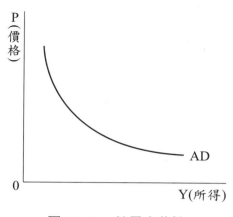

圖 11–2　總需求曲線

11.1.2　總需求曲線之推導—— IS–LM 分析法

本節中，我們利用第十章所推導出的 IS–LM 模型來導出總需求曲線。推導之前，先來看看物價的變動對於 LM 曲線的影響。

貨幣市場均衡式為：$m=\dfrac{M}{P}=L^s+L^t$

若 P=1，則上式便成為 $M=L^s+L^t$，若 P 上漲，則使 m 下跌；若 P 下跌，則使 m 上漲。因此，當物價下降時，實質貨幣數量會由 m_0 上升至 m_1，則表示 $m_0=L^s+L^t$ 曲線會往外移動至 $m_1=L^s+L^t$，因而使得 LM_0 曲線向右移動至 LM_1，均衡點從 E_0 移至 E_1；另外，當物價上升時，則產生相反的效果，實質貨幣數量會由 m_0 下降到 m_2，使 LM_0 曲線左移至 LM_2，均衡點則移至 E_2。上述情形圖示於圖 11–3。

瞭解了物價變動對於 LM 曲線的影響，我們可經由 LM 曲線的變動軌跡推導出總需求曲線。從圖 11–3 可知，物價的變動會導致 LM 曲線移動，物價由 P_0 下跌至 P_1 時，LM_0 右移至 LM_1；若物價上漲至 P_2 時，LM_0 左移至 LM_2。因而使 IS–LM 模型的均衡點產生變動，我們將這些均衡點的變動軌跡連起來並改以 P 和 Y 作為兩軸，就是總需求曲線，而總需求曲線的定義即是商品市場和貨幣市場均達到均衡的物價與所得之組合軌跡。總需求曲線的推導列示於圖 11–4。

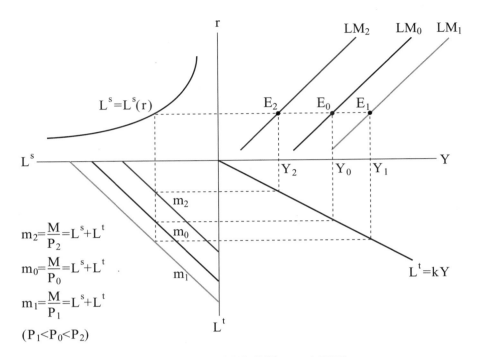

圖 11–3　物價變動對 LM 之影響

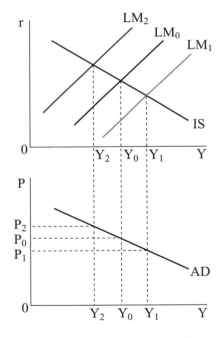

圖 11–4　總需求曲線之推導

11.2　總供給曲線

總供給指全社會的供給總量。總供給函數指全社會所願意而且能夠生產的產品數量與價格之間的函數關係。若以 S 表示總供給，以 P 表示物價，則知總供給函數為：

$$S = f(P)^+$$

這種總供給函數是如何產生的？我們知道總供給函數是加總一切產業的供給函數的結果，而產業的供給函數則是加總個別產業供給函數的結果。可用兩種方式來推導總供給曲線，分別是由商品市場與勞動市場均衡出發。

11.2.1　總供給曲線之推導——由商品市場均衡出發

由個體經濟學分析，我們都知道一個個別廠商有它的生產函數。在短期函數中，假定資本設備的數量固定，產量只受勞力數量的變動而變，則個別廠商的生產函數為 Y=Y(N)，Y 為產量，N 為勞動量。勞動邊際生產力是指每增加一單位勞動所創造出來的產量，即 $MP_N = \dfrac{\Delta Y}{\Delta N}$，生產函數因邊際生產力遞減❶的關係，成斜率逐漸減少的曲線，其斜率即為勞動的邊際生產力 MP_N。邊際成本 MC 是增加一單位產品所增加的成本，即 $MC = \dfrac{\Delta C}{\Delta Y}$。在這時候，假定資本設備不變，增加生產全由增加勞動而得，所以為增加生產所增加的成本，視勞動使用量的大小來決定。

$$C = W \cdot N + 其他成本$$

式中 C 為生產總成本，W 為工資，N 為勞動量。假設工資不變，其他成本不考慮，其成本變動量為：

---

❶　邊際生產力遞減是指每增加一單位投入時，其所增加的產出會隨著投入的增加而愈來愈少的現象。

$$\Delta C = W \cdot \Delta N$$

故：

$$MC = \frac{\Delta C}{\Delta Y} = \frac{W \Delta N}{\Delta Y} = \frac{W}{MP_N}$$

舉例言之，假定在蘋果的生產過程中，多雇用一個工人的工資為 60 元，而由於這工人之多雇用，可多生產 12 個蘋果，所多生產的 12 個蘋果是勞動的邊際生產力 MP_N（多雇用一個工人而多生產之產品），則這時的邊際成本為 60/12=5 元。

由於勞動邊際生產力 MP_N 之遞減，不論工資是否會隨勞力需求之增加而上升，MC 必隨勞動使用量之增加而上升，亦即 MC 會隨著產品產量之增加而上升。到了資本設備已充分利用時，則勞力數量的進一步增加，已不能增加產量，而徒然增加成本，因此，MC 線乃成圖 11–5 所示的型態。

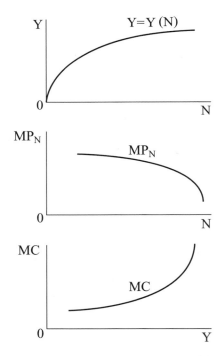

圖 11–5　生產函數、勞動邊際生產力與邊際成本

個別廠商之邊際成本曲線，實際上就是其個別廠商供給曲線，蓋依個體經濟學的理論可知，個別廠商追求最大利潤所需之均衡條件為邊際收益等於邊際成本，MR=MC。在產品市場為完全競爭時，每單位售價即等於每單位邊際收益，P=MR，故均衡條件為：

$$P = MC$$

因此，個別廠商的邊際成本曲線，便是個別廠商的供給曲線。

前面所述為個別廠商之供給函數，倘若推廣到整個產業的供給函數，則可以加總之，得到類似的形狀，如圖 11–6。若該產業生產設備之利用度甚低，即使物價不增加也會增加生產，如圖中 E_0E_1 階段；當該產業對生產設備有了相當程度的利用，而接近最大生產能量時，需求的增加相當容易引起物價的上漲，如 E_2E_3 乃至於 E_3E_4 階段。

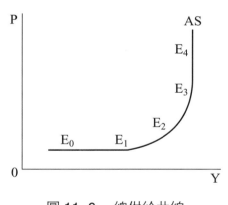

圖 11–6　總供給曲線

11.2.2　總供給曲線之推導——由勞動市場均衡出發

以一般式表示生產函數如下：

$$Y = Y(N, K)$$

N 為勞動量，K 為資本量。此生產函數，它呈現要素邊際生產力遞減之通性，以偏微分符號表示即：

$$MP_N = \frac{\partial Y}{\partial N} > 0, \quad MP_K = \frac{\partial Y}{\partial K} > 0, \quad MP_{NN} = \frac{\partial MP_N}{\partial N} < 0, \quad MP_{KK} = \frac{\partial MP_K}{\partial K} < 0$$

勞動投入量增加令實質生產增加,但增加率逐漸遞減,反映勞動的邊際生產力 MP_N 遞減之通性。資本投入量增加亦有此現象,但在此假設資本數量固定,$K=K_0$。

廠商雇用勞工時,會衡量其成本與收益。成本 (C) 為勞動之工資,即工資率 W 與勞動量 N 之乘積:C=W×N。收益 (R) 即售價 P 與產量 Y 之乘積:R=P×Y,廠商決定是否雇用勞工時,必須考慮邊際收益與成本,在其雇用勞工所帶來的邊際收益等於邊際成本之處達到均衡。其邊際成本即為每單位勞動者所生產出來的產量 Y 所能帶來之收益,在完全競爭情形下,便是指每單位勞動量生產出來的 Y 所賣出之價格 P。以方程式表示邊際收益 MR 與邊際成本 MC 均衡式:

$$MR = \frac{\partial R}{\partial N} = \frac{\partial(P \times Y)}{\partial N} = P\frac{\partial Y}{\partial N} = P \times MP_N$$

$$MC = \frac{\partial C}{\partial N} = \frac{\partial(W \times N)}{\partial N} = W$$

$$MR = MC$$

即:

$$W = P \times MP_N \quad 或 \quad \frac{W}{P} = MP_N$$

由上式均衡式,可導出勞動需求 $\frac{W}{P}$=f(N^d),示如圖 11-7。

勞動需求為負斜率的理由,因為 MP_N 會隨著 N 的增加而降低。圖 11-7 中的(A)圖縱軸為 $\frac{W}{P}$,(B)圖縱軸為 W,(B)圖中的 f(N^d) 會隨著物價移動,物價由 P_0 上漲至 P_1 時,f(N^d) 曲線會右移。

以下推導勞動供給函數,描述名目工資與勞動供給之關係。勞動供給者所在乎之工資,未必與勞動需求者(廠商)所在乎之成本相同,倘若勞動供給者只看到名目工資,未留意物價上漲,則視為有貨幣幻覺 (Money Illu-

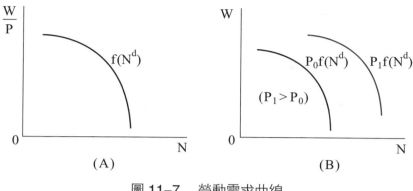

圖 11–7　　勞動需求曲線

sion)，否則若已經留意到物價上漲率，以實質工資為考量，則無貨幣幻覺。

　　勞動者會依照他心目中的工資 W^e 來決定其勞動供給，倘若勞動供給者具有貨幣幻覺，只根據名目工資來決定勞動供給量，則：

$$W^e = W, \quad W = g(N^s)$$

　　倘若完全沒有貨幣幻覺，則認知工資等於實質工資，且導出勞動供給與工資的關係式：

$$W^e = \frac{W}{P}, \quad \frac{W}{P} = g(N^s)$$

　　一般情況，勞動供給者對於物價水準之認知較為遲緩，較不會用物價水準去對工資平減。故暫以名目工資方程式來衡量，即凱因斯學派貨幣幻覺假說。勞動供給示於圖 11–8。

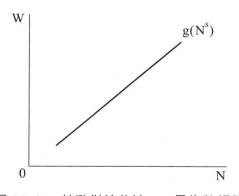

圖 11–8　　勞動供給曲線——具貨幣幻覺

綜合勞動需求與勞動供給於下：

勞動需求：

$$\frac{W}{P} = f(N^d), \quad \text{即} \quad W = P \cdot f(N^d)$$

勞動供給：

$$W = g(N^s)$$

　　結合 N^d 與 N^s，當物價由 P_0 上升至 P_1 時，在圖 11–9 (A)中，N^d 向右移動，而依凱因斯學派貨幣幻覺假說，假設 N^s 不變，則勞動市場均衡就業量由 N_0 增加至 N_1，再對應到生產函數 $Y=Y(N, K_0)$，總產出也由 Y_0 增加為 Y_1，於是導出總供給曲線 AS 為正斜率，如圖 11–9 所示。

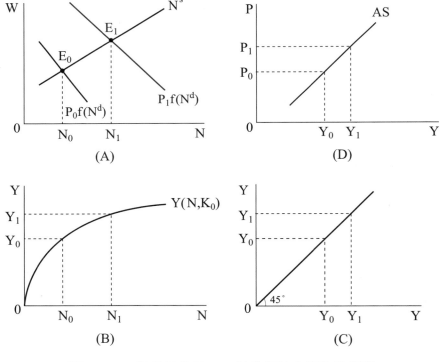

圖 11–9　總供給曲線——勞動供給者具貨幣幻覺

　　如果勞動供給者完全沒有貨幣幻覺，會隨著物價變動而移動 N^s 曲線，則物價上漲時均衡勞動量與產出水準不會改變，總供給曲線為垂直型態，如圖 11-10 所示，物價上漲不會產生刺激生產的效果。

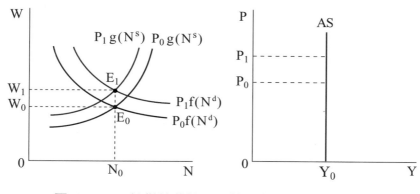

圖 11-10　總供給曲線──勞動供給者無貨幣幻覺

　　在一般情況下，勞動供給者有部分的貨幣幻覺，同時在現實社會契約未滿之前工資率不能隨意調整，因此物價水準上漲有助於刺激生產，總供需曲線呈現正斜率。

11.3　供需均衡與變動

　　本節將以完整的 AD-AS 模型來分別分析需求面與供給面的變動會對均衡點造成怎樣的變動，以及會對整個總體經濟造成何種影響。

11.3.1　需求面的變動

　　結合總供給曲線與總需求曲線，可得到均衡所得與物價，如圖 11-11 所示，AD_0 與 AS 之交點 E_0 為均衡點，而均衡所得與均衡物價各為 Y_0 與 P_0。一旦總需求由 AD_0 右移至 AD_1，均衡點移至 E_1，則均衡所得與均衡物價改為 Y_1 與 P_1。換言之，總需求增加時，可刺激所得，亦會抬高物價。

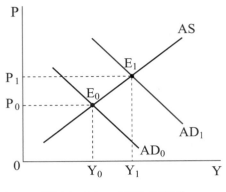

圖 11-11　總需求變動

　　AS 曲線有不同階段，圖 11-12 所示即總供給曲線與不同的總需求曲線相交之圖。總供給曲線有如下的特性，產量未達最大生產能量之前，尤其在資源尚有閒置時，增加勞動與產出，並不會抬高物價。在這生產投入逐漸增加，而在產量到達最大生產能量以後，則無論如何增加生產投入亦無法再增加產量，如同 AS 曲線所示，先有一水平階段，次而正斜率階段，再來即為垂直階段。當需求由 AD_0 增為 AD_1 時，因這時產量水準較低，邊際成本尚未上升，故這項需求的增加只增加產量而未引起物價的上漲，使均衡點由 E_0 移至 E_1。但若需求增加係發生在由 AD_2 至 AD_3，則這時的產量增加，會發生邊際成本的上升，致使物價會由 P_2 上漲至 P_3，使均衡點由 E_2 移至 E_3。如果這項需求之增加是發生在最大生產能量 Y_3 以後，則這時產量已無法增加，而需求的增加僅徒然引起物價上漲，使均衡點由 E_3 移至 E_4，物價由 P_3 漲至 P_4。

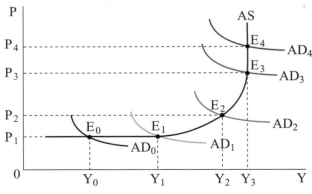

圖 11-12　不同階段 AS 曲線與 AD 曲線變動

　　政府如何透過公共政策來影響總體均衡？以貨幣政策為例，貨幣政策對供需均衡會造成何種影響？當政府採取寬鬆的貨幣政策時，表示貨幣供給增加，實質貨幣數量 m(m=M/P) 也會隨著增加，則 LM 曲線右移，AD 曲線也因而右移。政府貨幣政策的效果將隨著 AS 曲線的型態而有不同的效果，如果此時的 AS 曲線為正斜率，其結果是物價與產出皆上升；若 AS 已為垂直線，則 AD 右移將只是促使物價上漲，但產出維持不變。相反地，若政府採取緊縮性貨幣政策，減少貨幣供給，將透過 LM 曲線、AD 曲線之左移，而影響物價與產出。

　　至於政府採用財政政策，以公共支出增加（或減少）的方式，造成 IS 曲線與 AD 曲線右移（或左移），其政策效果也隨著 AS 曲線的不同階段而有不同效果，讀者可自行推導之。

　　根據以上的總供需模型，在勞動市場未達充分就業之前，總需求增加有助於提升產出水準。因此，許多國家常運用貨幣政策與財政政策，來擴張總需求以提高產出（所得）。而勞動市場達到均衡之後，採用總需求增加政策無法刺激所得，僅徒然提升物價而已。

11.3.2　供給面的變動

　　當擴張有效需求政策無法刺激所得時，供給面政策便成為刺激所得的重要工具。根據凱因斯總供需模型的分析，若勞動市場尚未達到充分就業，則任何有助於提升總需求的措施，如增加貨幣供給量、擴大政府支出、採行獎勵投資等，皆能夠擴大總產出水準。一旦勞動市場達到充分就業，則只有供給面政策才能使總產出提高。

　　因為商品供給決定於勞動市場與生產函數，故凡能夠影響勞動供需與生產函數者均會造成 AS 曲線之移動。

　　圖 11–13 (A)顯示，物價為 P_0 時，其勞動需求曲線為 $N_0^d(P_0)$，與勞動供給線 N_0^s 之交點所決定之就業量為 N_0。當工會勢力抬頭，要求提高薪資水準時，勞動供給曲線由 N_0^s 上移至 N_1^s，遂使就業水準降低至 N_1。由圖(B)生產函數可看出產出水準亦降低至 Y_1。圖(D)總供給曲線由 AS_0 左移至 AS_1。

由總供給與總需求曲線來看，總供給減少，在物價不變下，AS 曲線上之所得減少至 Y_1；而 AS_1 與 AD 交點，即總供需均衡時物價為 P_2，所得調至 Y_2；圖(A)新物價 P_2 時帶動需求也同時調整至 $N_2^d(P_2)$。由圖 11-13 的四個圖可看出勞動供給減少造成物價上漲與所得減少的結果。

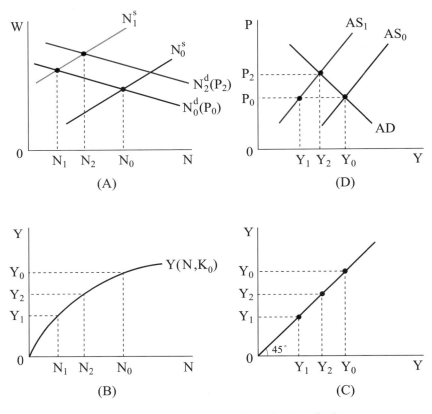

圖 11-13　勞動供給減少與總均衡變動

　　勞動需求減少也會造成總供給減少，使得物價上漲，如圖 11-14 所示。例如能源危機發生時，生產成本提高而生產曲線下移，圖 11-14 組(B)中因資本量減少使 $Y_0(N, K_0)$ 移向 $Y_1(N, K_1)$，使勞動邊際生產力降低，生產曲線下移。勞動需求曲線 N^d 是基於勞動邊際生產力作出，向左移動，即由 N_0^d 移至 N_1^d，N^d 移向左邊後，就業量減少，於是 AS 也隨之向左移動。最後均衡由 AD 與 AS_1 決定，物價為 P_2，比 P_0 為高，故 N_1^d 右移至 N_2^d，均衡所得

為 Y_2。再對應到(B)圖，Y_0 乃是在原生產曲線之下的產量，Y_1 與 Y_2 均為新生產曲線下的產量。

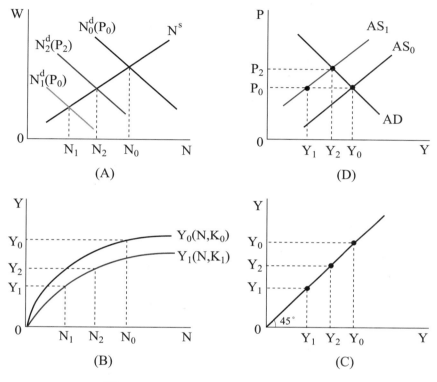

圖 11-14　勞動需求減少與總均衡變動

進一步彙整可能影響總供給之因素如下：

1. 工資上漲對總供給曲線的影響

假設工資增加，則總供給曲線受這影響而上升，表示在工資增加以後，成本會上漲，故需以更高的價格出售。工資上漲，使工資增加，致使總供給曲線往上移動；由 AS_0 左移至 AS_1，新均衡點下，將造成物價上漲與所得降低，因此，當工資上漲，必引起成本的增加以導致物價的上漲。

2. 生產技術進步與資本累積對總供給曲線的影響

如果生產技術或管理方法有所改進，勞動的邊際產量上升；在其他條件不變下，勞動雇用量及產出都將增加，生產成本下跌，使 AS 線右移，

均衡物價下跌。

　　除了生產技術進步外，資本的累積也有促進產出的效果。就中長期來考慮，資本的累積和生產技術進步一樣，也會提高勞動邊際產量，進而使生產函數上移，AS 曲線右移，物價下跌與所得增加。

3. 影響生產函數的意外事件對總供給曲線的影響

　　能源危機、戰爭、天災等事件發生，九二一地震的震撼，摧毀資本設備，造成生產減少，勞動者的生產力下跌，AS 曲線左移。

4. 人口增加，資本累積對總供給曲線的影響

　　生產要素增加，勞動與資本量增加時，透過生產函數使產量增加，使得所得增加，AS 曲線將會右移。

5. 其他有利生產之措施對總供給曲線的影響

　　例如政府約束工會勢力之立法，或促進勞資關係和諧之措施，以及平價能源政策與抑制通膨的所得政策，皆使 AS 曲線向右移動。

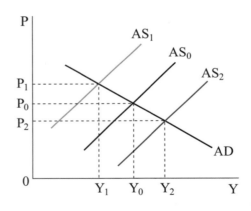

圖 11-15　　總供給曲線之變動

11.3.3　全面均衡模型

結合 IS-LM 與 AD-AS 模型，可建立一般均衡模型如下：

變數名稱：

I　：投資

G ： 政府支出

X ： 出口

S ： 儲蓄

T ： 稅收

Im： 進口

r ： 利率

Y ： 所得

L^t： 交易及預防性貨幣需求

L^s： 投資性貨幣需求

M^s： 名目貨幣供給量

P ： 物價

N ： 勞動；N^s： 勞動供給；N^d： 勞動需求

W ： 工資

下式各式採用通式型態，而不以線性型態表示。例如投資函數以 $I=I(r)$ 表示，即 I 為 r 之函數，而不限於前述線性型態 $I=I_0-vr$。

㈠ IS 曲線

商品市場均衡式：

$$I + G + X = S + T + Im$$

個別函數：

$$I = I(r), \ I' = \frac{\partial I}{\partial r} < 0$$

$$G = G_0$$

$$X = X_0$$

$$S = S(Y), \ S' = \frac{\partial S}{\partial Y} > 0$$

$$T = T_0$$

$$Im = Im\,(Y),\ Im' = \frac{\partial Im}{\partial Y} > 0$$

(二) LM 曲線

貨幣市場均衡式:

$$L^t + L^s = \frac{M^s}{P}$$

個別貨幣供需函數:

$$L^t = L^t(Y),\ L^{t\prime} = \frac{\partial L^t}{\partial Y} > 0$$

$$L^s = L^s(r),\ L^{s\prime} = \frac{\partial L^s}{\partial r} < 0$$

$$M^s = M_0$$

(三) AD 曲線

$$I(r) + G_0 + X_0 = S(Y) + T_0 + Im(Y)$$
$$L^t(Y) + L^s(r) = \frac{M^s}{P}$$

解出:

$$Y = Y(P, r),\ \frac{\partial Y}{\partial P} < 0$$

AD 曲線以兩軸表示, 則示如:

$$Y = Y(P),\ \frac{\partial Y}{\partial P} < 0$$

(四) AS 曲線

$$W = W(N^s)\ 或\ N^s = N^s(W),\ \frac{\partial N^s}{\partial W} > 0$$

$$\frac{W}{P} = \frac{W}{P}(N^d) \ \text{或} \ N^d = N^d(\frac{W}{P}), \ \frac{\partial N^d}{\partial(\frac{W}{P})} < 0$$

由 $N^d = N^s$，解出：

$$N = N(P), \ \frac{\partial N}{\partial P} > 0$$

加入生產函數 $Y = Y(N)$，故得出 AS 曲線：

$$Y = Y(P), \ \frac{\partial Y}{\partial P} > 0$$

　　整合上述模型之後，任何外生變數的變動（例如 G, T, M^s）均可能影響內生變數 (r, Y, P) 之變動。舉例而言，倘若政府支出增加，將使 IS 曲線右移，由 IS_0 至 IS_1，再透過 IS–LM 均衡，使得 AD 曲線右移，如圖 11–16 中 AD_0 右移至 AD_1。這將使得利率上漲，物價上漲，所得提高。由於物價上漲會使 LM 左移，AD_1 因而左移，如此繼續調整之後，最後均衡將落在 LM_2、AD_2 線上，此時均衡所得將落在 Y_2。

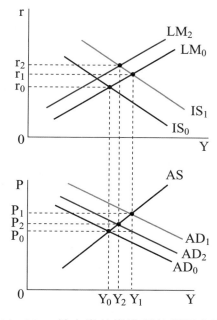

圖 11–16　外生變數變動對總供需之影響

　　其他外生變數變動後，均可能透過 IS–LM 與 AD–AS 模型的分析，探討其對均衡點之影響。例如提高稅收（增加），增加貨幣供給（M^s 增加），將透過 LM 曲線移動而影響 AD 曲線；生產技術進步將使 AS 曲線右移；其影響途徑、過程及最終均衡的達成，讀者均可嘗試自行剖析之。

11.4　經濟實務話題

11.4.1　基本工資與勞工補貼

　　我國「勞基法」中規定，雇主雇用勞工時，宜有基本工資以免雇主惡意剝削勞工，降低勞工報酬。目前規定基本工資為 NT$15,840 元。

　　實際上，勞工權益是否因此而提高呢？勞基法雖然制訂最低工資率，並未制訂最低聘用勞工量，因此在經濟不景氣時，可能反而使得老闆減少對員工的雇用，使失業率增加。

　　經濟學者與社會學者在勞基法的主張上往往有不同觀點。經濟學者認為：工資水準是市場經濟與需求來決定的。如果刻意制訂工資水準，扭曲市場供需法則，反而影響就業量，降低勞工福祉。

　　在經濟不景氣的情形下，許多公司會資遣員工，以減少公司負擔；但景氣好轉時，可能又需招募員工，其實有一個緩衝的作法，就業服務法§ 23規定，老闆可與員工或勞工協商，以縮減工時或減薪方式來避免裁員。

【思考題】：制訂最低工資，對所得水準有何影響？在經濟景氣時與經濟蕭條時，此政策之影響有無不同？

 本章重要詞彙

總供給 (Aggregate Supply)　　　　　　總需求 (Aggregate Demand)

總供需均衡

本章練習題

1. 總需求曲線 (Aggregate Demand Curve) 是如何推導出來的?

2. 何謂總供給曲線 (Aggregate Supply Curve)? 其可能型態為何?

3. 請說明貨幣政策的有效性，試從 AD–AS 模型分析之。

4. 貨幣供給增加時，對物價與所得有何影響? 試以不同斜率的 AS 曲線分別說明之。

5. 政府採用緊縮性的政策，例如減少公共支出，或減少貨幣供給，其對總體均衡之影響為何?

 本章參考文獻

1. 郭婉容 (1996)，《總體經濟學》，第八章，三民書局。

2. 張清溪、許嘉棟、劉鶯釧、吳聰敏 (1991)，《經濟學——理論與實際》，下冊，第二十三章，二版，翰蘆圖書。

3. Thomas, Lloyd B. (1997), *Money, Banking, and Financial Markets*, Chapter 20, International Edition, New York: McGraw-Hill.

4. Branson, William H. (1997), *Macroeconomic Theory and Policy*, 3rd Edition, Harper Collins.

第 十 二 章

通貨膨脹與失業

通貨膨脹（物價膨脹）是大家耳熟能詳的名詞，也是評估經濟發展的重要指標之一。通貨膨脹之正式意義為何？如何衡量之？本章將對其作一嚴格的定義，再依多種不同的影響標準來分類。而通貨膨脹依其成因會有不同型態：比較常見的有需求拉動型和成本推動型，以及內生因素與外來因素等不同分法。接著探討政府如何面對通貨膨脹及其所採行的政策。此外，說明失業率之衡量，並介紹著名的菲利普曲線與自然失業率。

架構圖 12 —— 通貨膨脹與失業

通貨膨脹與失業
- 通貨膨脹的定義與型態 (12.1)
  - 需求拉動與成本推動
  - 內生因素與外來因素
- 政府因應通貨膨脹對策 (12.2)
- 失業的衡量 (12.3)
- 菲利普曲線與自然失業率 (12.4)

12.1   通貨膨脹的定義與型態

12.1.1   通貨膨脹之定義

「通貨膨脹」是指在一定時期內物價水準持續上漲的現象。第一，它並不是指稱個別物品或勞務價格的上漲，而是指稱全部物品及勞務的加權平均價格的上漲。例如，若石油價格上漲被其他物品價格下跌所抵銷，致加權平均價格並未改變，則物價水準並未上漲。第二，它不是指稱漲一次即停的物價水準上漲，而是指稱在某一期間物價水準連續上漲的現象。例如，若石油價格上漲引致物價水準上漲，但因沒有發生各種連鎖反應，致物價水準立即穩定在上升後的新水準，則也不是通貨膨脹的現象。

通貨膨脹的原因不一定是貨幣數量太多，雖然貨幣在短期間內大量增加常常是歷史上許多國家通膨的直接肇因。貨幣價值由物價水準反映，物價猛跌也就是貨幣價值劇跌，因此早期學者常用通貨膨脹或是貨幣之大量膨脹來描述物價持續上升現象。正確地說，應稱為「物價膨脹」，但一般人已接受通貨膨脹為一通用的名詞。

通貨膨脹的型態可用兩種不同的分類法來區分，第一種分類可分為需求拉動型與成本推動型的通貨膨脹；第二種分類可分為內生的與外來的通貨膨脹，其中外來的通貨膨脹又可分為進口性通貨膨脹與出口性通貨膨脹兩種。以下將這些分類詳細說明之。

12.1.2   需求拉動型與成本推動型通貨膨脹

㈠需求拉動型通貨膨脹

需求拉動型通貨膨脹 (Demand-Pull Inflation) 認為物價水準的變動原因是總需求的變動。如圖 12–1 所示，AD_0 及 AS 分別表示原來的總需求曲線與總供給曲線，其交點 E_0，決定了 P_0 的均衡物價水準及 Y_0 的均衡產出

水準。當總需求增加時，例如自 AD_0 增加至 AD_1，均衡點右移至 E_1，則會使物價水準上升至 P_1，這種現象稱需求拉動型通貨膨脹現象。值得注意的是，需求拉動型的通貨膨脹在物價水準上升之際，通常會伴隨發生總生產的增加。

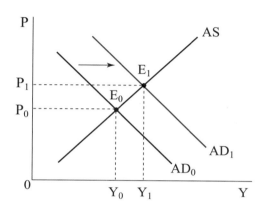

圖 12–1　　需求拉動型通貨膨脹

　　經濟學家對總需求因何會增加，至少有兩種說法，一種是貨幣學派的看法，他們認為貨幣供給量增加為總需求增加的原因，亦即將總需求視同為貨幣數量與貨幣流通速度的乘積 $(AD=M \times V)$，在貨幣流通速度相對安定的假設下，貨幣數量的增加就會導致總需求的增加；同時，由於貨幣學派通常假定充分就業為恆常現象，故貨幣供給增加所產生的總需求增加必然形成需求拉動型的通貨膨脹。

　　另一種是凱因斯學派的看法，他們認為，總需求之任一構成要素的增加是總需求增加的原因。亦即，由於 $AD=C+I+G$，在生產瓶頸階段或已達充分就業狀況之後，消費支出、投資支出或政府支出的增加，都會帶來需求拉動型的通貨膨脹。

　　造成 AD 右移的原因，可能是 LM 右移，也可能是 IS 右移。貨幣供給增加會造成 LM 右移，如同圖 12–2 (A)的 LM_0 右移至 LM_1，圖(B)之 AD_0 亦右移至 AD_1。至於財政支出增加也會造成 IS 右移與 AD 右移，如圖(C)中的 IS_0 右移至 IS_2，圖(D)中的 AD_0 右移至 AD_2。

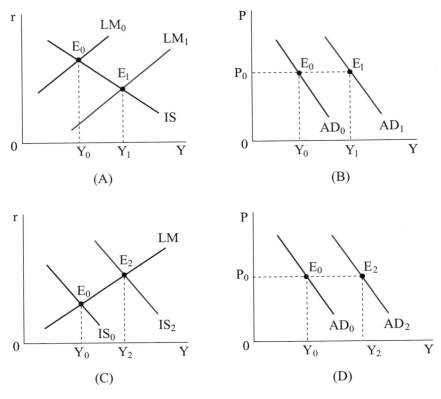

(A)   (B)

(C)   (D)

圖 12-2   總需求增加之成因

　　倘若財政支出增加是搭配著增發貨幣，物價上漲幅度將更大。AD 右移
之後，造成物價上漲的過程，示於圖 12-3。貨幣供給增加造成 AD_0 右移至
AD_1，物價上漲至 P_1；財政支出使 AD_1 再右移至 AD_2，物價再上漲至 P_2。

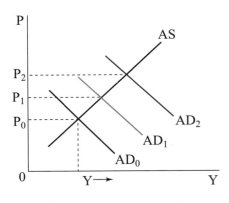

圖 12-3   總需求移動

至於所得也在逐步增加。

　　總之，採用擴張性貨幣與財政政策，總需求增加，固然使得所得增加，也會使物價上漲，故稱需求拉動型通貨膨脹。

二成本推動型通貨膨脹

　　成本推動型通貨膨脹（Cost-Push Inflation，亦有譯為成本上推型通貨膨脹）是以總供給曲線的移動來解釋物價水準上漲的原因，有時又被稱為「供給面通貨膨脹理論」(Supply-Side Theories of Inflation)，例如：石油危機、罷工、福利增加，勞保、健保的實施等，均是供給面的影響因素。以圖 12-4 來說，當總供給曲線由 AS_0 向左移動至 AS_1 時，物價水準就會由 P_0 上漲至 P_1。

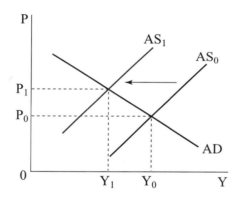

圖 12-4　成本推動型通貨膨脹

　　不論總供給曲線處於哪一生產階段，發生成本推動型通貨膨脹時，總生產之減少是與物價水準上漲同時出現，如圖 12-4 所示，當物價水準由 P_0 上漲至 P_1 時，總生產則由 Y_0 減至 Y_1。即物價上漲，所得降低，乃是經濟蕭條與物價膨脹共存的現象。

12.1.3　惡性通貨膨脹

　　惡性通貨膨脹 (Hyperinflation) 是指物價快速巨幅上漲的現象，通常會

伴隨著景氣蕭條。

　　倘若成本推動型與需求拉動型通貨膨脹同時出現，有可能會造成惡性通貨膨脹。以圖 12-5 舉例如下：石油危機引起生產成本提高，AS_0 上移至 AS_1，物價也升高為 P_1，所得減少至 Y_1，且失業率提高。政府為降低失業率，增加公共支出，AD_0 右移至 AD_2，令物價升高為 P_2，所得提高而失業率下降。接著工會認為在通貨膨脹時應提高工資，AS_1 上移至 AS_3，使生產減少而使物價再度上揚。政府為刺激投資，增加公共支出與貨幣供給，讓 AD 再度向右移動……，於是 AS、AD 諸線形成網狀向上移動，物價水準繼續上升，所得卻未必有顯著增加。

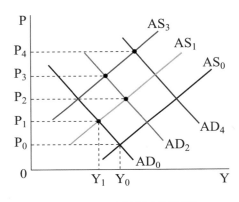

圖 12-5　惡性通貨膨脹

12.1.4　內生的與外來的通貨膨脹

　　在開放經濟體系下，國外因素及國內因素的變動都能誘生經濟變動，尤以小型開放經濟體系為然，故我們首先得將因國外因素而產生的通貨膨脹稱為外來的通貨膨脹 (External-Oriental Inflation)，而將因國內因素而產生的通貨膨脹稱為內生的通貨膨脹 (Internal-Oriental Inflation)。

　　內生的通貨膨脹指稱單純因國內因素發生變動，如國內投資、消費、政府財政赤字增加，或勞動者工資增加，導致物價水準持續上漲的現象。外來的通貨膨脹又可分為進口性通貨膨脹 (Imported Inflation) 與出口性通

貨膨脹 (Exported Inflation) 兩種。

㈠進口性通貨膨脹

　　進口性通貨膨脹又稱輸入性通貨膨脹，指稱因一國進口之物品價格上漲而產生的通貨膨脹現象。較常見的例子就是石油危機。當國際石油價格上漲，造成進口價格提高，生產成本增加，使得供給減少。各國所感受到之通貨膨脹，因其進口占國內生產毛額比例高低而有不同。在進口占國內生產毛額之比例為 10% 時，若進口物價指數上漲 20%，只使其國內物價指數上升 2%（即 10%×20%=2%）；在進口占其國內生產毛額比例為 60% 時，則進口品物價上漲 10% 會造成國內物價指數上漲 6%。

　　進口性通貨膨脹之嚴重性與該國之進口依存度高低有密切相關。以圖 12–6 來說，AS_0 及 AD 分別表示原來的總供給曲線及總需求曲線，E_0 為均衡位置。在進口性通貨膨脹下總供給曲線自 AS_0 左移至 AS_1。其結果是物價水準自 P_0 上漲至 P_1，而總生產則自 Y_0 減為 Y_1。這種通貨膨脹成因為進口增加而造成生產成本提高，可視為成本推動型通貨膨脹之一種。

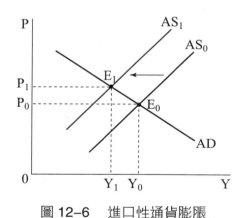

圖 12–6　進口性通貨膨脹

㈡出口性通貨膨脹

　　出口性通貨膨脹指稱因一國出口額外增長而產生的通貨膨脹現象。一

國的主要出口地區產生相對物價水準上升、經濟成長率提高或解除進口管制措施等等現象，都可能使該國的出口額外增長，因出口為總需求的一部分，故形成通貨膨脹的一項原因。而且，因出口額外增長而產生的國內所得增加及出超性的貨幣數量增加，都可能進一步促使國內投資支出及消費支出的增加，因而使其總需求增加更快。如圖 12-7 所示，因出口額外增長而產生的通貨膨脹現象表現於總需要曲線自 AD_0 右移至 AD_1，其結果是物價水準自 P_0 上漲至 P_1，而總生產則自 Y_0 增至 Y_1，也就是類似於需求拉動型通貨膨脹。

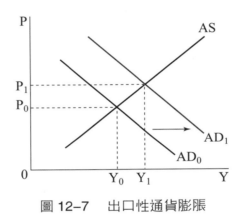

圖 12-7　出口性通貨膨脹

12.1.5　停滯性通貨膨脹

所謂停滯性通貨膨脹 (Stagflation)，是指物價不停上漲，而所得無法再增加的現象。

以圖 12-8 為例說明之。如果所得已達充分就業，AS 曲線為垂直線，政府已無力影響總供給。若採用總需求管理政策，不論由 AD_0 移動至 AD_1 或 AD_2，徒只造成物價波動而已，由 P_0 上漲為 P_1 或下跌為 P_2，對所得並無影響。

即使 AS 曲線不是垂直線，政府亦未必能有效提升所得水準，如圖 12-9 所示，AS_0 與 AD_0 之交點 E_0 為均衡點。若政府運用需求管理政策來調整 AD，意圖刺激有效需求以提升所得水準，使 AD 由 AD_0 右移至 AD_1，同時

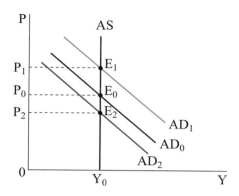

註: AS 垂直時，AD 變動只造成物價波動而不影響所得。

圖 12-8 停滯性通貨膨脹—— AS 垂直

物價也上漲了。此時，若勞工意識抬頭，要求工資亦隨著物價上升而調整，
遂使廠商生產成本提高，AS 曲線也上移，由 AS_0 調整至 AS_1，均衡點移至
E_2，於是乎所得回到原來水準，而物價水準又再度上升。

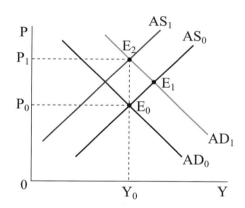

註: AS 為正斜率時，若政府有意影響 AD，亦可能透過市
　　場上 AS 變動而抵銷其促進所得之效果，徒只造成物
　　價上漲。

圖 12-9 停滯性通貨膨脹—— AS 非垂直

由此可見，當政府採用需求管理政策來控制所得時，其目的未必能達
到，但反而會造成物價上漲，此現象稱為停滯性通貨膨脹。

12.2 政府因應通貨膨脹對策

12.2.1 通貨膨脹之影響

通貨膨脹對經濟有利與不利，學者有不同說法，分別討論如下。

㈠通貨膨脹之壞處

1. 引發物價預期

通貨膨脹造成貨幣購買力下跌，幣制紊亂。民眾擁有貨幣即具有購買力，一旦通貨膨脹，則貨幣對商品的購買力下跌，購買力穩定繫乎民眾之信心。輕微者只是物價波動不穩定，嚴重者引發連續的通貨膨脹預期，大家拋售貨幣，使物價持續上漲，形成惡性通貨膨脹。

2. 債權債務間所得重分配

實質利率 (r) 為名目利率 (i) 減去預期通貨膨脹率 π^e：

$$r = i - \pi^e$$

在借貸關係下，預期通貨膨脹率 (π^e) 上升會使債務人的實質利息負擔降低 (r 減少)，債權人之實質利息收入減少，造成所得重分配。

3. 社會資源分配扭曲

在通貨膨脹期間，生產要素、物品及勞務的相對價格產生變動，造成生產結構與消費結構調整，因而資源分配遭到扭曲，未作最有效率的運用。

4. 惡化國際收支

通貨膨脹削弱本國產品的競爭能力，出口品顯得較為昂貴而減少出口，進口品顯得較為便宜，導致貿易逆差、資金外流，國際收支因而惡化。

5. 金融體系崩潰危機

嚴重的通貨膨脹，長期而言將使得人民對本國貨幣及政府政策喪失信心，貨幣政策動搖，金融體制將面臨崩潰。

6. 不利資本累積

　　通貨膨脹使存款者之實質利息降低，造成儲蓄意願下降，無法累積社會資金，也無法進一步將資金導引至生產用途，廠商之資本無法累積，創新活動因而無法進行，阻礙經濟成長。

㈡溫和通貨膨脹之好處

　　溫和的物價上漲，商品售價上升，如果勞工成本未等價上漲，即廠商利潤增加，這對於刺激廠商生產意願有其正面助益，造成生產活動之活絡。換言之，溫和的通貨膨脹有助於經濟成長。

12.2.2　政府對通貨膨脹之因應對策

　　面臨通貨膨脹問題時，政府需提出對策，對策的處理層面，可分別從需求面及供給面來著手。

　　從需求面而言，政府可刺激總合支出，透過溫和物價上漲來促進經濟成長；若物價上漲程度過高，政府可透過壓抑總合支出來穩定物價，這稱為「需求管理政策」。總合支出包括消費、投資與政府支出乃至於貿易收支等項目。另一角度是從供給面著手，透過生產要素價格的控制與產品價格的監管，杜絕物價上漲的空間，這稱為「所得政策」。

㈠需求管理政策

　　需求管理政策可分從改變消費、投資、政府支出以及調節貨幣供給等方面著手。

1. 改變消費支出流量

　　為改變消費支出，須從其影響因素著手，消費支出的變動受到可支配所得及利率水準的影響。可支配所得是個人所得扣除直接稅負支出後的餘額，政府能藉調整直接稅之稅率，增減可支配所得，以達成改變消費支出流量的目的。同時，利率水準的高低也會影響個人消費支出的決定，在利率水準上升時，儲蓄之利息收入增加，一般大眾的儲蓄意願提高，其消費支出減少；反之在利率水準下降時，消費支出增加。因此，政府也能透過

對貨幣政策的操作，影響利率升降以達成改變消費支出流量的目的。

2. 改變投資支出流量

在成本與效益權衡之考量下，投資者會調整其投資行為。投資支出的主要考慮因素為資本邊際效益與利率水準。若利率水準不變，資本邊際效益提高，投資隨之增加；反之則隨之減少。政府可藉投資之租稅減免等措施，使企業預期稅後收益提高，進而提高資本邊際效益，以促進投資支出流量增加。相反地，假定資本邊際效益不變，若利率水準降低，生產成本降低，使投資增加；若利率水準提高，投資則減少。因此，政府也能藉貨幣政策的操作來影響利率水準，以達成其改變投資流量的目的。

3. 改變政府支出流量

調整政府支出是改變總支出的最直接手段，政府能藉調節其支出而調節總支出流量的多寡。政府支出增加（減少），使得總需求增加（減少），自也將影響到物價水準。

4. 改變貨幣供給量

貨幣政策是重要的總體政策，貨幣供給量增加可產生總需求增加的效果，貨幣供給量減少則會使總需求減少，而貨幣供給量則是中央銀行所能控制者，可用以執行需求管理政策，以調節經濟活動。

㈡所得政策

當前述政策無效時，政府可能考量所得政策。所謂所得政策乃是：用人為力量控制物價、壓低物價，使其維持政府心目中的物價水準，消除通貨膨脹現象。提出採用所得政策的環境是因自由市場制度不能獲得令人滿意的結果，反而造成市場失靈，且不曾使資源分派合適。此外，藉緊縮性貨幣政策抑制通貨膨脹所需支付的代價太高，因其常伴同經濟衰退並使失業率提高，成為很嚴重的社會負擔。因而，部分經濟學家希望藉政府管制物價政策以壓抑預期物價上漲心理，以收控制通貨膨脹之效。一旦政府已有效控制通貨膨脹之後，就應立即回歸自由市場制度。所得政策不應作為常態機制，非不得以不輕易採行。

　　另有經濟學家反對所得政策，認為總需求超過總供給造成通貨膨脹壓力（或稱通貨膨脹缺口）時，政府若藉人為力量壓抑物價只能暫時抑制其上漲率，一旦取消價格管制，物價即會立刻上漲。只要造成通貨膨脹的根本原因不曾消除，管制價格未必能抑制預期物價上漲心理。在管制價格與工資時，市場機能不能發揮作用，資源分派被扭曲，如因生產效率降低而使總供給減少，將使通貨膨脹缺口擴大，通貨膨脹問題將變得更為嚴重。至於執行所得政策時，政府需增設機構，從而增加了一些行政費用，此項費用會進一步造成支出負擔，甚至是需求拉動型通貨膨脹的成因之一。

12.3　失業的衡量

㈠失業的定義

　　經濟學上的失業，有特殊之定義。所謂失業，並非泛指沒在工作的人，而是指「一個十五足歲以上、有工作能力、有工作意願、正在找工作而找不到工作者」。按我國的統計分類，失業者指在資料標準週內年滿 15 歲，同時具有下述條件者：(1)無工作；(2)隨時可以工作；(3)已在尋找工作或已找工作在等待結果。

　　可將人口與勞動力結構之關係以圖 12–10 說明。

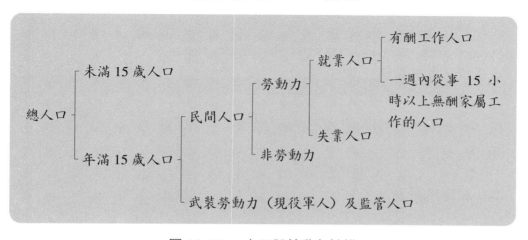

圖 12–10　人口與勞動力結構

圖 12–10 進一步說明如下:

1.適齡工作人口

我國係以 15 歲作為分界，凡年滿 15 歲的人口，稱為適齡工作人口 (Working-Age Population)，未滿 15 歲的人口則稱為非適齡工作人口 (Non-working-Age Population)。而適齡工作人口中則再區分成民間人口、武裝勞動力及監管人口，其中民間人口可再分成勞動力與非勞動力人口、勞動力 (Labor Force)、非勞動力 (Non-Labor Force)。

2.勞動力

勞動力當中又可分為就業人口與失業人口兩大類。

(1)就業人口 (Employment)：係指目前從事有報酬工作的人口。另外，在自己家庭的事業（如農事、雜貨店等）中從事每週 15 小時以上的無報酬工作者，也屬於就業人口。

(2)失業人口：勞動力中扣掉就業人口便是失業人口 (Unemployment)。需注意的是失業人口須同時具備下列三個條件：a. 可以馬上工作；b. 目前沒有工作；c. 正在積極找工作。所謂「正在積極找工作」這個條件乃是指有工作意願，如果符合了 a. 及 b. 兩條件，卻未積極找工作，無工作意願而閒賦家中，那麼便不屬於失業人口，而會被分類在非勞動力之中。

3.非勞動力

非勞動力除了上述未積極找工作者，還包括因求學、料理家務、或因衰老、殘障而未工作的人口。

4.現役軍人與監管人口

現役軍人與監管人口皆不屬於勞動力定義的範圍之中。其中，監管人口由於本身是非自願性或強迫性的被監管，因此不列入勞動力，亦不列入非勞動力。

㈡失業率的衡量

根據上述的定義及分類，經濟學中將失業率（Unemployment Ratio，以

下簡寫為 U）定義如下：

$$U=\frac{失業人口}{勞動力}\times100\%$$

$$=(1-\frac{就業人口}{勞動力})\times100\%$$

12.4　菲利普曲線與自然失業率

　　通貨膨脹與失業是兩項重要的經濟問題，一般經濟社會都會追求低通貨膨脹率與低失業率，但實際上往往不易達成。這種情形，隨著菲利普曲線 (Philips Curves) 的呈現而得到驗證。

　　經濟學者菲利普 (A. W. Philips) 分析 1861～1957 年英國的工資上漲率與失業率之關係，發現兩者之間有負的關係，當失業率 (U) 低時，往往是工資上漲率 ($\dot{W}$) 較高時；當失業率高時，往往是工資上漲率較低時，如圖 12–11 (A)所示。

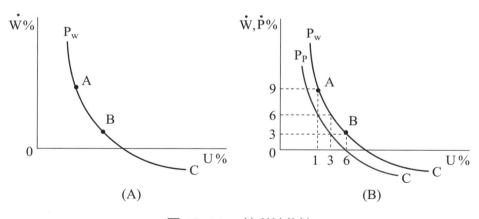

圖 12–11　菲利普曲線

　　工資上漲率 ($\dot{W}$) 與物價上漲率 ($\dot{P}$) 之間往往有同步現象，因此，把縱軸之工資上漲率替換成物價上漲率，亦將得到物價上漲率與失業率之間的

負斜率關係。

由於呈現物價上漲率（或工資上漲率）與失業率之間負向關係的曲線，為菲利普所發現，故將此曲線稱為菲利普曲線。

工資上漲率與物價上漲率之轉換甚為容易，蓋工資 (W) 本身便反映出勞動邊際生產力 (MP_N) 與物價 (P)，即 $W=MP_N \times P$，以對數表示即 $logW=logMP_N+logP$，對時間微分即得 $\dot{W}=\dot{MP}_N+\dot{P}$，工資上漲率 $\dot{W}$ 等於勞動邊際生產力 $\dot{MP}_N$ 與物價上漲率 $\dot{P}$ 之和，即 $\dot{P}=\dot{W}-\dot{MP}_N$。因此以 $\dot{W}$ 為縱軸之菲利普曲線之縱軸截距往下調降 $\dot{MP}_N$ 部分，即成為以 $\dot{P}$ 為縱軸之菲利普曲線，如圖 12–11 (B)中之 P_pC 曲線。

菲利普曲線的負斜率有深刻的政策涵義。倘若政府想降低失業率，則須付出高通貨膨脹率的代價，如圖 12–11 之 A 點；倘若政府想降低通貨膨脹率，則須付出高失業率的代價，如圖 12–11 之 B 點。政府想同時降低失業率與通貨膨脹率，甚為困難。

固然失業率無法降至 0%，一般而言，失業率不超過 3% 是可為大眾所接受的，各國經常性的失業率水準並不相同。一國維持某程度的失業率，包括下述原因：⑴摩擦性失業：勞動者轉換工作期間的短暫性失業；⑵結構性失業：由於地區產業結構改變、工業區位變化或技術進步，造成失業。摩擦性失業與結構性失業都是正常情況下會出現的現象，而經濟學上所謂充分就業，乃允許這種經常性的失業，經濟學家傅里德曼 (M. Friedman) 把此稱為自然失業率 (Natural Rate of Unemployment)，自然失業率的存在乃是長期現象。

另外有一種失業，乃是因為經濟蕭條、景氣循環所致，稱為循環性失業。社會有效需求不足，企業減產，工作機會減少，勞工遭到裁員，造成社會問題，這種失業在社會上無法接受，企盼政府提出對策。

設短期菲利普曲線如 SPP_0 曲線，落在 A 點，失業率為 4%。政府為了降低失業率而採取擴張性政策，使失業率降低至 2.5%，落在 E 點，物價上漲率調至 3%。此時工會將要求調升工資，使廠商生產成本提高，失業率提高至 4%，SPP_0 上移至 SPP_1，落在 B 點。重複上述過程，將由 A 點上移至

B 點，再上移至 C 點，失業率不變，物價持續攀升。將 A、B、C 等路徑連起來，成為長期菲利普曲線，即圖 12–12 之 LPP 曲線，乃是一條垂直線。

　　雖然短期而言，失業率與物價會呈現波動，但長期而言，失業率常呈現穩定現象，不可能讓失業率降低到零，而會至少維持在一個失業水準，稱為自然失業率，如圖 12–12 (B)之 U_n 所示。短期菲利普曲線為負斜率，此曲線可能隨著工會以及廠商對未來物價之預期而移動，當預期物價會上漲時，工會要求提高工資，提高生產成本，會使菲利普曲線上移。

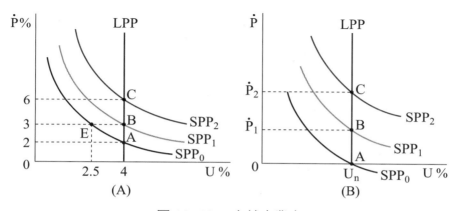

圖 12–12　自然失業率

　　在沒有經濟成長因素之假定下，充分就業之實質國民總生產額亦為一固定數。無論價格水準如何，如果一國之長期菲利普曲線為垂直於橫軸之直線，對應的自然失業率皆不受影響。因此總供給曲線呈垂直型。經濟學者稱之為長期總供給曲線 (Long Run Aggregate Supply Curve, LAS)，它指示經濟政策希望達到的總生產水準。

12.5　經濟實務話題

12.5.1　重要國家之通貨膨漲率

　　表 12–1 即是臺灣地區 1971 年至 2004 年各種物價指數年增率的資料。由表中可知：在第一次石油危機 (1973～1974) 與第二次石油危機

表 12-1　臺灣地區各種物價指數之年增率

單位：%

年	躉售物價	消費者物價	進口物價	出口物價	營造工程物價	GDP Deflator
1971	0.00	2.77	−	−	−	3.1
1972	4.48	3.01	−	−	−	5.8
1973	22.84	8.16	−	−	−	14.9
1974	40.58	47.50	−	−	−	32.3
1975	−5.06	5.22	−	−	−	2.3
1976	2.76	2.48	−	−	−	5.6
1977	2.76	7.06	3.31	2.62	−	6.2
1978	3.54	5.75	1.34	6.75	−	4.7
1979	13.82	9.76	16.32	11.95	−	11.3
1980	21.55	19.01	22.24	8.24	−	16.1
1981	7.62	16.32	7.81	5.60	−	12.0
1982	−0.18	2.97	−1.11	1.04	−	3.4
1983	−1.17	1.35	−2.49	−0.91	−	1.9
1984	0.47	−0.03	−0.87	0.20	−	0.9
1985	−2.59	−0.16	−1.49	−0.14	−	0.6
1986	−3.35	0.70	−13.02	−4.23	−	3.3
1987	−3.25	0.51	−7.34	−7.37	−	0.6
1988	−1.57	1.28	−1.00	−2.66	−	0.9
1989	−0.37	4.42	−5.36	−3.72	−	3.3
1990	−0.60	4.12	2.36	2.47	−	3.7
1991	0.17	3.62	−2.81	0.54	−	3.8
1992	−3.68	4.47	−6.93	−5.38	15.00	3.2
1993	2.51	2.94	4.65	5.19	6.13	3.6
1994	2.17	4.10	5.11	0.57	−4.08	2.0
1995	7.38	3.67	10.15	6.89	1.00	2.0
1996	−1.01	3.08	−2.49	1.67	−0.65	3.1
1997	−0.45	0.89	−1.40	2.05	2.08	1.7
1998	0.60	1.69	0.74	5.57	2.48	2.7
1999	−4.55	0.17	−4.10	−8.53	−0.57	−1.4
2000	1.82	1.26	4.63	−0.88	−0.48	−1.7
2001	−1.34	−0.01	−1.25	0.32	−1.01	0.5
2002	0.05	−0.20	0.40	−1.49	2.11	−0.9
2003	2.48	−0.28	5.14	−1.49	4.67	−2.10
2004	7.03	1.62	8.57	1.61	14.13	−1.93

註：營造工程物價指數原包含於躉售物價指數內，1991 年開始方獨立編製，故年增率資料始於 1992 年。

資料來源：1.《中華民國臺灣地區物價統計月報》，410 期，2005 年 2 月，行政院主計處。
　　　　　2. GDP Deflator:《國民經濟動向統計季報》，108 期，2005 年 2 月，行政院主計處。

(1979～1980) 時，無論為何種定義的物價水準，均有巨幅上漲的現象，以 1974 年為例，躉售物價指數上漲率為 40.58%，消費者物價指數上漲率為 47.50%，GDP Deflator 為 32.3%，而以 1980 年而言，躉售物價、消費者物價、GDP Deflator 各為 21.55%、19.01%、16.1%，除了這兩次的石油危機，其餘時間之物價大致平穩，鮮有超過 5% 者。換言之，臺灣近二、三十年來並沒有嚴重的通貨膨脹現象。

此外，表 12-2 為臺灣及其他幾個國家的消費者物價指數年增率的比較表，從表中的資料可知，無論是臺灣或其他國家的物價指數均有逐年上升的現象，但臺灣、美國、德國、日本大致穩定，至於英國與韓國則有物價波動較鉅的現象。

表 12-2　主要國家消費者物價指數年增率比較表

單位：%

年	臺灣	美國	英國	德國	韓國	日本
1987	0.5	3.7	4.3	0.2	3.0	0.1
1988	1.3	4.0	4.8	1.3	7.1	0.7
1989	4.4	4.9	7.8	2.7	5.7	2.2
1990	4.1	5.4	9.5	2.7	8.6	3.1
1991	3.6	4.2	5.9	3.5	9.3	3.3
1992	4.5	3.1	3.7	4.0	6.2	1.6
1993	2.9	3.0	1.5	4.1	4.8	1.3
1994	4.1	2.5	2.5	3.0	6.2	0.7
1995	3.7	2.8	3.4	1.7	4.4	−0.1
1996	3.1	2.9	2.4	1.5	5.0	0.1
1997	0.9	2.3	3.1	1.9	4.4	1.7
1998	1.7	1.6	3.4	0.9	7.5	0.7
1999	0.2	2.2	1.6	0.6	0.8	−0.3
2000	1.3	3.4	2.9	1.4	2.2	−0.7
2001	0.0	2.8	1.8	2.0	4.1	−0.7
2002	−0.2	1.6	1.6	1.4	2.7	−0.9
2003	−0.3	2.3	2.9	1.1	3.6	−0.3
2004	1.6	2.7	3.0	1.7	3.6	0.0

資料來源：《中華民國臺灣地區物價統計月報》，410 期，2005 年 2 月，行政院主計處。

12.5.2   臺灣的菲利普曲線

觀察臺灣歷年的物價指數上漲率與失業率，繪於圖上，是否可得出類似的菲利普曲線？

表 12-3   臺灣地區之消費者物價指數上漲率與失業率

單位：%

年	消費者物價指數上漲率	失業率
1981	16.32	1.36
1982	2.97	2.14
1983	1.35	2.71
1984	−0.03	2.45
1985	−0.16	2.91
1986	0.70	2.66
1987	0.51	1.97
1988	1.28	1.69
1989	4.42	1.57
1990	4.12	1.67
1991	3.62	1.51
1992	4.47	1.51
1993	2.94	1.45
1994	4.10	1.56
1995	3.67	1.79
1996	3.08	2.60
1997	0.89	2.72
1998	1.69	2.69
1999	0.17	2.92
2000	1.26	2.99
2001	−0.01	4.57
2002	−0.20	5.17
2003	−0.28	4.99
2004	1.62	4.44

註： 1. 通貨膨脹係經濟學名詞，並無法定衡量指標，一般常用消費者物價指數(CPI)年增率來衡量通貨膨脹率。
2. 失業率計算式：分子：失業者×100；分母：勞動力。
資料來源： 《中華民國臺灣地區物價統計月報》，《中華民國臺灣地區人力資源調查統計年報》，行政院主計處。

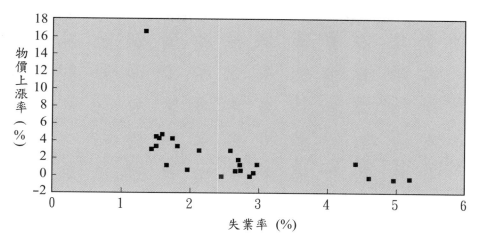

圖 12–13　　物價上漲率與失業率之關係（1981 年～2004 年）

【思考題】：圖 12–13 是否即代表臺灣的菲利普曲線？意義為何？

12.5.3　失業與「擴大公共服務計畫」

2003 年三月主計處發布二月份人力統計報告指出，受到春節臨時工作結束與轉職潮影響，二月份失業率增至 5.17%。但廣義失業率升至 7.51%，廣義失業人口達 77.1 萬人，廣義失業率與失業人口再創新高。

一月份失業率 5.03%，二月份增加 0.14 個百分點為 5.17%，失業人數為 51.8 萬，波及人口為 114 萬人。主計處表示，農曆新年雖在二月初，但是因春節增加的臨時工作在一月底即已結束，而年後向來是轉換跑道的時機，因此在二月因臨時工作結束而失業，與不滿原工作而辭職者，比一月增加 1.4 萬人。

在傳統做法上，部份虧損企業會在發完年終獎金後就裁員，這項失業人數比一月增加 1 萬人。主計處說，這是 2002 年九月起，關廠歇業或業務緊縮人數連續六個月增加。以上三項因素皆使「想工作而未找工作」的隱藏性失業人數增加，連帶使廣義失業和廣義失業人數雙雙再創新高。

政府雖有「擴大公共服務計畫」，吸引 7.9 萬人登記求職，但由於立院要求公共服務工作計畫所需經費 200 億元，應以追加預算的方式辦理。

　　政府部門說，「擴大公共服務計畫」可雇用 8.9 萬人，如果 8.9 萬個名額充分運用，可使失業率降低 0.89 個百分點，應可達到將失業率降至 4.5% 以下目標。但主計處也承認，待擴大公共服務計畫一結束後，失業率有可能回復至5%。國內景氣有好轉，對就業應有正面幫助。

資料來源：周慧如，《中國時報》，2003 年 3 月。

【思考題】：為何 2002 年、2003 年失業率攀高？政府採取何種政策有助於降低
　　　　　　失業率？

本章重要詞彙

需求拉動型通貨膨脹 (Demand-Pull Inflation)
成本推動型通貨膨脹 (Cost-Push Inflation)
惡性通貨膨脹 (Hyperinflation)
外來的通貨膨脹 (External-Oriental Inflation)
內生的通貨膨脹 (Internal-Oriental Inflation)
進口性通貨膨脹 (Imported Inflation)
出口性通貨膨脹 (Exported Inflation)
停滯性通貨膨脹 (Stagflation)
菲利普曲線 (Philips Curves)

本章練習題

1. 何謂通貨膨脹？何謂停滯性通貨膨脹？
2. 需求拉動型與成本推動型的通貨膨脹差異何在？
3. 內生的通貨膨脹與外來的通貨膨脹差異何在？
4. 為什麼美國國際收支的赤字將促進世界性的通貨膨脹？試說明之。
5. 何謂需求拉動型通貨膨脹 (Demand-Pull Inflation)？成本推動型通貨膨脹 (Cost-Push Inflation)？

本章參考文獻

1. 林鐘雄 (1995)，《貨幣銀行學》，第二十一章，六版，華泰文化。

2. 柳復起 (2000)，《總體經濟學》，第十三章，華泰文化。

3. 楊雲明 (1999)，〈失業與通貨膨脹〉，《總體經濟學》，第十章，智勝文化。

4. 韋端 (1992)，〈臺灣地區消費者物價指數之編製〉，物價研討會，中華經濟研究院與行政院主計處主辦，1992 年 7 月 31 日～8 月 1 日。

5. Mishkin, Frederic S. (1995), *The Economics of Money, Banking, and Financial Markets*, Chapter 28, Fourth Edition, New York: Harper Collins.

6. "Special Issues on Inflation Targeting", (1997), *Economic Policy Review*, Federal Review Bank of New York, 3 (3), April.

第十三章

經濟成長

　　追求經濟成長，是經濟發展的重要目標，經濟成長水準受到生產資源秉賦增加或技術進步之影響。總體經濟學有若干學派在解釋經濟成長現象，包括 Harrod-Domar 模型、Solow 成長模型，以及最近的內生化成長模型，本章將簡介這些重要的成長理論之內涵。

架構圖 13 ── 經濟成長

經濟成長
- 經濟成長與資源秉賦 (13.1)
- Harrod-Domar 模型 (13.2)
- Solow 成長模型 (13.3)
- 內生化成長模型 (13.4)

13.1　經濟成長與資源秉賦

　　各國政府在施政時，多會致力於加速經濟成長。一個國家的經濟不斷成長，即國民所得不斷提高，有許多原因，或許是就業水準增加，或許是資源秉賦豐富，或許是技術進步，這些都是促進經濟成長的方式。

　　潛在國民所得 (Potential GNP) 是指就業水準增加，社會資源做最有效的運用，讓生產力達到最高。實際上，國民所得未必能達潛在水準，實際所得與潛在所得之間有所差距。一國如果勞動失業率升高，將使該國實質國民所得低於充分就業狀況下最高實質所得。

　　圖 13–1 顯示某國實質國民生產毛額與潛在國民生產毛額曲線，實質所得是實際統計得到的資料，潛在所得是推估計算而得，大多時間實質所得低於潛在所得。

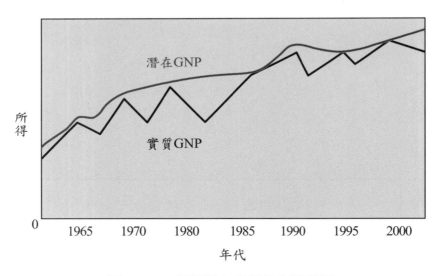

圖 13–1　某國潛在所得與實際所得

　　總體政策目標之一在於短期內縮小實質所得與潛在所得之差距，長期則促使提高潛在所得水準，使經濟成長率增加。圖 13–2(A) 之成長率趨勢提高後，如圖 13–2(B) 所示。

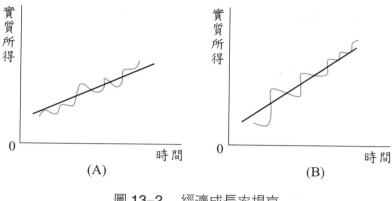

圖 13-2　經濟成長率提高

　　一國之最大生產可能，示於圖 13-3 之生產可能曲線 (Production Probability Curve)。一國如果生產要素或資源稟賦的數量為固定，生產技術固定，生產消費財與資本財兩種產品，產品組合型態如 AD，在 AD 線內的 X 點為生產技術未發揮最大效率，AD 線外的 Y 點為在資源稟賦無法達到之生產點。A 點代表資源全用於消費財之生產點，D 點為資源全用於資本財之生產點。從 A 點開始，增加生產資本財 OK_1 單位時，須減少生產 AG_1 單位之消費財；再增加生產資本財 K_1K_2 單位時，須減少生產 G_1G_2 單位之消費財，因 $OK_1=K_1K_2$，但 $AG_1<G_1G_2$，可見愈增加資本財生產，所需放棄之消費財愈來愈多，此乃邊際報酬遞減，AD 曲線的型態為向原點凹進。

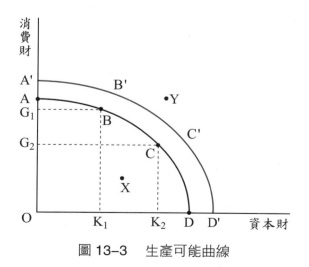

圖 13-3　生產可能曲線

　　當社會落在 AD 線內之生產點時，宜設法提高資源使用效率，達到最大潛在生產可能；若資源增加或技術提高，則生產可能曲線外移，AD 外移至 A'D'，最大可能生產之資本財與消費財增加，潛在最大生產量提高。

　　經濟成長理論涉及多種相關觀念，我們必須對經濟成長 (Economic Growth)、經濟成長率 (Economic Growth Rate)，以及均衡經濟成長率 (Equilibrium Rate of Economic Growth) 等概念有所瞭解。一般而言，經濟成長係指實質國民所得或產出，隨時間之經過而提高的現象；經濟成長率係本期產出增額與上期產出額的比率；而均衡經濟成長率則指能維持充分就業的經濟成長率。

　　令 Y 為實質所得，N 為勞動力，K 為資本，Y=Y(N, K) 為生產函數，t 為時間，則上述經濟成長、經濟成長率的概念可以定義如下：

$$經濟成長：\frac{dY}{dt} \tag{1}$$

　　式中，dY 為實質所得變動額，dt 為時間之變動。所以，(1)式表示隨時間之經過實質所得之變動，即為經濟成長率：

$$經濟成長率：\dot{Y} = \frac{1}{Y}\frac{dY}{dt} \tag{2}$$

13.2　Harrod-Domar 模型

　　新古典成長理論，對於成長路徑有較為精準的模型分析。Harrod (1939) 與 Domar (1946) 最先指出，投資不只是總需求的一部分，更是資本累積的泉源。所以，投資在影響總需求的同時，也將透過對資本存量的影響，影響總供給。因此，Harrod-Domar 模型同時考慮投資對總需求與產能的影響，以及在經濟成長過程中，勞動與資本充分就業的條件。他們假設，隨時間之經過，勞動按固定速率增加，技術不變，而且資本產出率亦維持不變，然後引申與均衡成長路線一致的穩定成長率 (The Steady Growth Rate)。

　　資本達充分就業時的經濟成長率，文獻上叫做保證成長率 (Warranted Rate of Growth)。勞動達充分就業時的經濟成長率，文獻上則叫做自然成長率 (Natural Rate of Growth)。在資本和勞動皆達充分就業時，保證成長率等於自然成長率，即均衡情況下的成長率，稱為均衡成長率。

㈠保證成長率

　　Harrod-Domar 模型旨在探討均衡成長路線，所以為便於分析，經濟成長率方程式可表示為：

$$\dot{Y} = (\frac{\dot{Y}}{N}) + \dot{N} \tag{3}$$

計畫投資等於計畫儲蓄的流量均衡條件：

$$\frac{dK}{dt} = I = S = sY \tag{4}$$

　　式中，暫不考慮折舊，$\frac{dK}{dt}$ 為資本變動額，等於投資額 I；S 為儲蓄額，它等於平均儲蓄傾向 s 乘以所得水準 Y。因為資本變動額、投資額以及儲蓄額皆為流量變數，而且投資等於儲蓄為商品市場均衡條件，所以上式為 Harrod-Domar 模型的流量均衡條件。

　　資本存量與產出的關係可以寫成：

$$K = vY \tag{5}$$

或

$$v = \frac{K}{Y} \tag{6}$$

　　式中，假設 v 為固定的資本產出率 (Capital-Output Ratio)。因此，由(5)式或(6)式可以求得：

$$\frac{dK}{dt} = v\frac{dY}{dt} \tag{7}$$

將(7)式中的 $\frac{dK}{dt}$ 代入(4)式，並經整理，得：

$$\frac{1}{Y}\frac{dY}{dt} = \frac{s}{v} \tag{8}$$

或

$$\dot{Y} = \frac{s}{v} \tag{9}$$

(9)式表示，為維持需求面商品市場均衡，投資等於儲蓄的流量均衡條件，經濟成長率必須等於：平均儲蓄率對資本產出率之比率。在 Harrod-Domar 模型中，(9)式的成長率，稱為保證成長率。

(二)自然成長率

其次，從供給面觀之，假設勞動力按固定的速率 n 增加，所以勞動供給可表示為：

$$N = N_0 e^{nt} \tag{10}$$

式中，N_0 為期初勞動力。倘若為生產既定產出所需勞動率固定為 u，則勞動需求與產出的關係可寫成：

$$u = \frac{N}{Y} \tag{11}$$

或

$$N = uY \tag{12}$$

式中，u 為固定的勞動產出率 (the Labor-Output Ratio)。將(12)式的 N 代入(10)式，則可將勞動市場均衡條件寫成：

$$N_0 e^{nt} = uY \tag{13}$$

(13)式表示勞動市場充分就業的成長條件。進一步處理，得：

$$n = \frac{1}{Y}\frac{dY}{dt} = \dot{Y} \; \mathbf{0} \tag{14}$$

(14)式表示，就勞動市場觀之，為維持充分就業均衡，經濟成長率必須等於勞動成長率。在 Harrod-Domar 模型中，此為自然成長率 (Natural Rate of Growth)，又稱為充分就業成長率 (Full Empolyment Growth Rate)。

因此，結合(9)式保證成長率，以及(14)式的自然成長率，Harrod-Domar 模型表示，為維持充分就業以及商品市場均衡，經濟成長率必須同時等於自然成長率與保證成長率：

$$\dot{Y} = n = \frac{s}{v} \tag{15}$$

而且，如果經濟已滿足(15)式的條件，則商品市場與要素市場的均衡成長路線將為：

$$Y_t = Y_0 e^{gt}$$
$$K_t = K_0 e^{gt} \tag{16}$$
$$N_t = N_0 e^{gt}$$

式中，成長率 $g=\dot{Y}=n=\frac{s}{v}$。同時，由於資本存量之增量 ΔK 即是投資 I：

$$\Delta K = I$$

---

❶ 對(13)式取自然對數：

$\ln N_0 + nt = \ln u + \ln Y$

對時間微分，因 N_0 與 u 為常數，故得：

$n = \dfrac{d \ln Y}{dt}$

又因 $d \ln Y = \dfrac{dY}{Y}$，故：

$n = \dfrac{dY}{Y} \cdot \dfrac{1}{dt} = \dot{Y}$

　　勞動成長率的計算可分為不考慮技術成長因素與考慮技術成長因素兩情況：

1. 不考慮技術因子

　　設勞動量之成長路徑之方程式為：

$$N = N_0e^{nt}, \ N > 0, \ n > 0$$

　　即可求出不考慮技術因子下的自然成長率為：

$$g_n = n$$

2. 考慮技術因子

　　考慮技術因子的勞動力，稱為效率勞動力 (Efficiency Labor)，如下式所述：

$$N = N_0e^{(n+\lambda)t}, \ N > 0, \ n > 0, \ \lambda > 0$$

　　式中 λ 表示技術進步因子。由上式可看出即使勞動「量」不變（即 N_0 不變），藉由技術因子的上升，仍可使勞動的「質」上升。如此產出還是會因技術進步而增加，便可求出考慮技術因子的自然成長率：

$$g_n = n + \lambda$$

㈢體系安定性

　　此部分討論體系的安定性。Harrod-Domar 模型在本質上是不安定的，說明如下。令 g_a 表示實際經濟成長率 (Actual Rate of Growth)，g_w 為保證成長率，則若：

⑴ $g_a > g_w$ 情況：假設 $g_a = 8\%$，$g_w = 4\%$，表示如果要維持資本充分就業，經濟成長率只需 4% 即可，而實際經濟成長率已達 8%，表示資本財已完全被使用而無閒置，經濟體系中需求的增量大於供給的增量，所以廠商一定會在需求大增的情形下增加投資與生產。然而，廠商增加投資後會進一步使實際成長率上升，反而更加大 g_a 與 g_w 之間的差距。換言之，只要 $g_a > g_w$，g_a 與 g_w 的差距就會不斷擴大，g_a 持

續大於 g_w，整個體系並不會收斂。

(2) $g_a<g_w$ 情況：假設 $g_a=4\%$，$g_w=8\%$，實際經濟成長率只有 4%，但如果要使資本充分就業，經濟成長率至少要等於 8%，表示資本設備有閒置的現象，且體系中需求的增量小於供給的增量，供過於求，所以廠商一定會減少投資。廠商減少投資後會進一步地使實際成長率下降，反而加大了 g_a 與 g_w 之間的差距。換言之，只要 $g_a<g_w$，g_a 與 g_w 的差距就會不斷擴大，體系並不會收斂。

由上述可知 Harrod-Domar 模型的不安定性，唯有實際成長率等於保證成長率，始終維持 $g_a=g_w$，該模型才可能穩定。否則一旦脫離此一成長路徑，將與長期均衡漸行漸遠，落入失衡的狀況中。由前面的討論可知，Harrod-Domar 的經濟架構中，可以存在有長期的均衡，但卻是不穩定的 (unstable) 均衡，沒有辦法保證經濟體系能維持在這個均衡上，極可能陷入失衡而距離均衡點越來越遠。因為長期均衡點並不穩定，因此有刀尖均衡 (Knife Edge) 或剃刀邊緣 (Razor's Edge) 模型的稱呼。

不穩定的刀尖均衡之原因可補充說明如下：因為決定均衡條件的參數 s、u、v 及 n 全部為外生，因此，當體系一有外生的力量改變任何一個參數值，即會使經濟體系短暫地離開原均衡點，經濟體系自己也沒有力量達到新均衡點。除非新的狀況下，這些變數 s、u、v 及 n 的變動能夠恰好維持均衡式，但是這個條件太嚴苛，如同走在剃刀邊緣，極易失衡而不收斂，故此均衡情況之維持可能性極低。

由於 Harrod-Domar 均衡條件之適用性過低，以致 Harrod-Domar 模型自推出後，便不受到廣泛的應用。雖然如此，Harrod-Domar 模型為近代經濟成長模型開啟了討論的起點。這個模型把凱因斯模型中的總供給及總需求，以及乘數原理和加速原理，衍伸到長期的經濟成長模型中，為往後之成長模型奠定了發展基礎。往後經濟成長理論之發展，大抵為對 Harrod-Domar 模型的修訂，而修訂方向主要是 Harrod-Domar 模型之四個參數能夠內生調整。例如梭羅 (Robert Solow, 1956) 將資本的產出係數 v 作內生化處理，而 1980 年代中期以來蓬勃發展的「內生化成長模型」更是深入分析影

響成長動態的內生變數。

13.3　Solow 成長模型

13.3.1　商品供給和生產函數

梭羅 (Solow) 把新古典成長模型進一步衍伸，說明了資本存量、勞動力成長及技術之間的互動情況，以及它們如何影響產出。

梭羅模型的商品供給是以一般生產函數為基礎：

$$Y = F(K, N)$$

產出取決於資本存量和勞動力。梭羅成長模型假設生長函數具有固定規模報酬的特性。如果對任何正數 z 而言都能使：

$$zY = F(zK, zN)$$

則該生產函數屬於固定規模報酬。也就是說，如果我們將資本存量和勞動力都乘以 z，則產出也會乘以 z。

為了簡化分析內容，我們以相對勞動力的比例來表示。固定規模報酬的生產函數可使分析更為簡便，因為此種生產函數下，平均每人產出僅會隨平均每人資本變動。為使此說法成立，假設 $z = \frac{1}{N}$，則上述等式變成：

$$\frac{Y}{N} = F(\frac{K}{N}, 1)$$

此等式顯示平均每人產出 $\frac{Y}{N}$，乃平均每人資本 $\frac{K}{N}$ 的函數。

若以小寫字母代表平均每人產出，因此 $y = \frac{Y}{N}$ 是平均每人產出，而 $k = \frac{K}{N}$ 是平均每人資本。生產函數可以下式表示：

$$f(k) = F(k, 1)$$

簡化成:

$$y = f(k)$$

　　將平均每人產出簡化成平均每人資本的函數，可使分析經濟情況的工作更為簡便。圖 13-4 是這種生產函數的圖示。

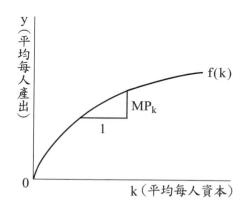

圖 13-4　平均每人產出與邊際資本產量遞減

　　此生產函數的斜率代表平均每人資本增加一單位時，平均每人產出增加的數量；此增加量乃是邊際資本產量 MP_k。以數學式表示如下:

$$MP_k = f(k + 1) - f(k)$$

　　此生產函數顯示出平均每人資本 k，是如何決定平均每人產出 y=f(k)。此生產函數的斜率為邊際資本產量；若 k 增加一單位，y 會增加 MP_k 單位。隨著 k 的增加，生產函數會越來越平坦，這表示資本邊際產量遞減，即每增加一單位資本，所增加的產量會比前一單位所增加的還少。資本數量有限時，增加一單位資本的作用很大，其所增加產量較多。當資本數量很多時，增加一單位資本的作用較小，所以產量增加較少。

13.3.2　資本增加和儲蓄率

Solow 模型的商品需求來自消費和投資，換言之，平均每人的產出 y，

可分為平均每人消費 c 和平均每人投資 i：

$$y = c + i$$

這個等式就是經濟體系的國民所得恆等式，以小寫 y、c 及 i 來代表平均每人的數量。此式假設暫不考慮政府支出。

梭羅模型假定消費函數的形式如下：

$$c = (1 - s)y$$

其中儲蓄率 s 之值為介於 0 和 1 之間的數字，此消費函數顯示消費與所得成一定的比例。每年的所得中，(1–s) 的部分用於消費，s 的部分則被儲蓄起來。

為瞭解消費函數的意義，我們將國民所得恆等式中的 c 以 (1–s)y 代替：

$$y = (1 - s)y + i$$

移項後可得：

$$i = sy$$

上式顯示在均衡情況下：投資和消費一樣，與所得成一定比例。因為投資等於儲蓄，所以儲蓄率 s 會等於投資占所得的比率。

假設資本存量會變動，若以生產函數來代替 y，則平均每人投資就成了平均每人資本存量的函數：

$$i = sf(k)$$

平均每人資本存量越高，產出 f(k) 和投資 i 水準也越高。這個結合生產函數和消費函數的等式，顯示出現有資本存量 k 和累積資本 i 之間的關係。圖 13–5 說明了在各種 k 值之下，透過儲蓄率的高低如何將產出分配到消費和投資上。儲蓄率 s 決定了產出分配在消費和投資的比例。不論資本存量 k 的水準為何，產出都是 f(k)、投資是 sf(k)、消費是 f(k)–sf(k)。

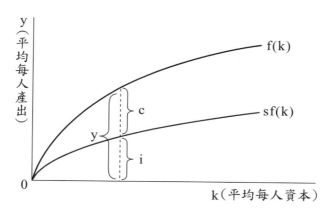

圖 13–5　平均每人消費與投資

由於 y 決定於 k，即平均每人所得決定於 $\dfrac{K}{N}$，因此要維持 y 不變，則全國的資本成長率必須等於勞動成長率 n，即：

$$\frac{\Delta K}{K} = \frac{\Delta N}{N} = n$$

再加上商品市場的均衡式，即投資等於儲蓄：

$$\Delta K = I = S = sY$$

可得：

$$\frac{\Delta K}{K} = \frac{I}{K} = \frac{S}{K} = \frac{sY}{K} = \frac{sy}{k} = \frac{\Delta N}{N} = n$$

得均衡成長條件：

$$y = \frac{n}{s} k$$

由此式可決定出 y^* 與 k^*，至於 n 與 s 為固定值。

若進一步考慮技術因子 (λ)，即因為技術進步所帶來的經濟成長，則均衡條件改為：

$$y = \frac{n+\lambda}{s}k$$

由圖 13-6 顯示：A 點均衡成長條件為 $y=(\frac{n+\lambda}{s})k$，B 點均衡成長條件為 $sy=(n+\lambda)k$，A 點與 B 點均衡條件相同。

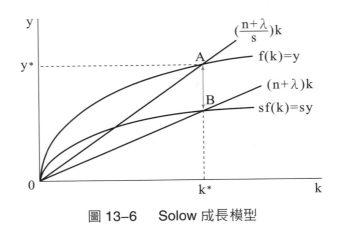

圖 13-6　　Solow 成長模型

13.3.3　黃金法則

在成長理論有一項重要的觀念，即黃金法則 (Golden Rule) 理念，是由 E. S. Phelps 於 1969 年首先提出，乃是探討一國的儲蓄率要達到多少之下，才能使全國的每人消費水準達到最大。

由前述推導 c 值如下：

$$c = y - sy = y - (n+\lambda)k \tag{17}$$

因此吾人要找出使 c^* 最大時的儲蓄率，即找出(17)式之最大值，而(17)式所表示的涵義，係指 c^* 之大小取決於 y^* 與 sy^* 兩線的垂直距離，由於在均衡成長時，$sy^*=(n+\lambda)k^*$，因此 c^* 之大小亦取決於 y^* 與 $(n+\lambda)k^*$ 的垂直距離，又因為 $(n+\lambda)k$ 為固定直線，所以吾人只要找出 y 曲線與 $(n+\lambda)k$ 直線之間垂直距離，即為 c^* 最大值：

$$\text{Max } c = (1-s)\,y$$

$$\text{s.t. } y = \frac{n+\lambda}{s}k$$

上式之均衡條件為：

$$\frac{\partial y}{\partial k} = (n+\lambda)\ ❷$$

必須滿足 y 曲線之切線斜率「等於」n+λ，亦即 (n+λ)k 直線的斜率，換言之，當平均每人資本為 k^*_{gold} 時，c^* 為最大，也是全國每人消費達到最大之值。從以上可推知，欲使全國每人消費達到最大，其儲蓄率必需滿足下列條件：

$$sy = (n+\lambda)k$$

$$\frac{\partial y}{\partial k} = n+\lambda$$

以圖 13–7 而言，個人消費最大值為 c^*_{gold}，落在最適每人資本額 k^*_{gold} 之處。

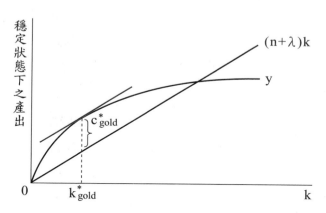

圖 13–7　黃金法則成長率

---

❷　$c = (1-s)y = y-sy = y-s(\frac{n+\lambda}{s})k = y - (n+\lambda)k$

對上式取一階微分：

$\frac{\partial c}{\partial k} = \frac{\partial y}{\partial k} - (n+\lambda) = 0$

即 $\frac{\partial y}{\partial k} = (n+\lambda)$

13.4　內生化成長模型

　　歷年來各國的經濟發展動態成長類型並不相同，並非單一理論便能闡釋清楚，有些成長的動力並非完全靠外來刺激，而是體系中有內在因子造成。為證明各國其內在因子造成經濟成長的動力，1980 年代中期開始，在 Romer (1986) 與 Lucas (1988) 的帶動下，經濟學家設法以模型本身的內生力量，解釋長期經濟成長，文獻稱之為內生成長理論或新成長理論。此等理論並非單一模型，而是多種性質相似模型之總稱。本章僅擬作選擇性簡介。

　　以圖 13-8 為例，設生產函數為：

$$y = f(k, E)$$

　　k 為平均每人資本，E 為其他條件，E_0 為原先的技術條件與其他環境因素，E_1 為外在技術進步後之水準，乃是衝擊均衡的外在因子。至於 E_2 為體系內本身造成技術進步成長的因子或其他造成經濟成長的動力。

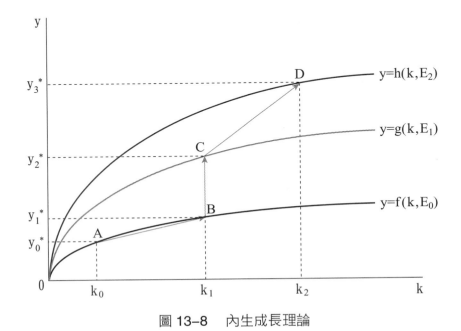

圖 13-8　內生成長理論

資本累積使得 k_0 增加到 k_1，A 點移動至 B 點；外生技術進步，E_0 增加到 E_1，則 B 點直接跳至 C 點；當內生技術進步時，則 C 點會逐漸移動到 D 點。

(1)實質資本累積：$k_0 \rightarrow k_1$，A 點→B 點。

(2)外生技術進步：$E_0 \rightarrow E_1$，B 點→C 點。

(3)內生技術進步：$E_1 \rightarrow E_2$，C 點→D 點。

上述說明乃是簡述內生化成長模型的重點。事實上，對該理論有探究的學者所強調之重點不盡相同，部分理論內容可臚列於下。

㈠技術外溢效果 (Spillover Effect)

1980 年代中期，Romer 發現一個產業（廠商）的增加投資，會帶動其他產業（廠商）的投資及產值的增加，即產業（廠商）間會產生正的外溢效果，也就是存在外部經濟。這種效果乃是個別產業（廠商）在資本的累積過程中，進一步創造社會經驗價值及知識資本，從而技術進步，使廠商生產規模報酬遞減變成生產規模報酬遞增，促成經濟的持續成長。此一發現發展出內生成長理論，將技術進步內生化，得以解釋新古典成長理論所無法解釋的產出變動殘差現象，先進國家的高社會經驗價值及豐富的知識資本，致使成長率高於落後國家，先進國家與落後國家的差距日趨擴大，符合實證資料。

㈡人力資本累積

Romer 將產業（廠商）的外溢效果引入生產函數解釋生產規模報酬遞增（技術進步），之後，便有一些學者同樣地將新變數引入生產函數解釋技術進步。Lucas 將人力資本引入生產函數，有別於新興古典成長理論只強調有形的實質資本累積，而是進一步指出無形的人力資本累積重要性，認為人力資本累積是技術進步的因素，而技術進步再使經濟成長，稱之為人力資本模型。人力資本的累積主要是靠學校教育、在職訓練、邊做邊學 (Learning by Doing) 的過程而得。

(三)基礎建設

Barro (1990) 發現開發中國家基礎建設投資（電、水力、道路、機場、港口、e 化環境設施）的不足，是造成許多開發中國家經濟成長落後的原因，因此，將政府公共支出納入生產函數，認為公共建設對產業（廠商）的正外溢效果，是生產技術進步的因素，此模型稱為政府公共支出模型。

(四)研究發展

1990 年代初期，內生成長理論中，另有一支以新的理論問世（仍由 Romer 領軍），它超脫了過去傳統資本累積思考方向（新興古典成長、Lucas 及 Barro 皆是強調資本累積），特別強調新產品的誕生是經濟成長的動力，而新產品誕生主要是由研究發展 (R&D) 而來。然而，在完全競爭市場下，R&D 的成果具有正的外部性，其他廠商亦可透過模仿或複製而得，投入廠商根本無法享受其成功帶來的果實，以致廠商缺乏誘因去從事 R&D 投入，所以，Romer 認為政府應當給予廠商新產品的適度獨占力，以強化誘因。

在實證方面，Solow (1957) 就曾針對美國 1909～1949 年經濟成長進行研究，發現相當大的比例來自技術創新；Denison (1962) 及 Jorgenson and Griliches (1967) 則實證發現，有 1/3 的經濟成長係來自技術進步，但多以外生變數處理。而此種經濟成長主要由外生決定的看法直至 Romer (1986)，Lucas (1988) 以後，嘗試透過各種因素來解釋技術進步，才有了劃時代的改變。此外，Arrow (1962) 強調透過邊做邊學來累積經驗，詮釋專業化及規模報酬遞增的現象；Lucas 等人亦從邊做邊學、專業化技術及人力資本累積來說明經濟成長。

自此以後，內生經濟成長的研究文獻如雨後春筍，從不同角度來解釋影響經濟成長的因素，例如從公共基礎建設，預算赤字等角度，改變儲蓄、投資與資本累積行為，進而影響經濟成長。

無論從理論上或是實證上皆可發現，加強研究與發展、人力資本累積與人才培育、國際貿易與開放度、公共基礎建設、智慧財產權保護等，經

由學習效果、外部利益的產生，邊際報酬遞減程度的減緩，甚至產生報酬遞增現象，進而加速產業升級與經濟成長。

　　總而言之，內生成長理論認為產業關聯效果（外溢效果）、人力資本、基礎設施投資、研究發展投入等因素是促進技術進步與產業進一步發展的關鍵因素。

　　內生成長理論是強調經濟體系可經由人力資本的累積而成長，同時經驗與知識的外溢效果、工作中的技術學習效果以及產品創新的研究與發展結果，都可以促進個別經濟體系內在的成長率提升，因此各國有可能產生不同的經濟成長過程與發展結果。

13.5　經濟實務話題

13.5.1　臺灣各經濟部門之成長

　　在經濟發展早期，通常是農業先開始萌芽，人口大多投入農業部門。等到工業部門開始發展，農業部門一些人力釋放出來，轉而投入工業部門。這些人力投入工業部門之後，使得工業部門生產力提高，至於農業部門的生產力是否因此下跌呢？據費晉漢與雷尼斯 (Fei and Ranis, 1967) 的「勞動過剩經濟模型」指出，農業部門人口過多，邊際生產力趨近於零，原即有過多的剩餘勞力不具生產力，自農業部門釋出也不會影響農業部門的生產力，這些剩餘勞動力加入工業部門，工業部門原本生產人力不足，加入人力之後可提升工業部門總產出，進而增加整體社會總產出。

　　當勞動部門勞力移至工業部門時，通常也是整個經濟在大幅起飛的時候。Fei and Ranis 的模型可用以說明許多國家經濟發展的過程中，經濟起飛的原因。

　　臺灣的農業部門在經濟體系中原占相當比重，如表 13–1 所示，經濟體系分成農業、工業、服務業三部門，1955 年時，農業部門占 29.1%，工業部門只占 23.2%，接著比例逐年改變，至 1990 年左右，農業部門所占比重

一直持續減少，工業部門比重一直增加，而自 1980 年代後期起，服務業比重逐漸增加。至 2000 年時農業的比重已經甚微，2002 年時農業比重已不足 2%。

表 13–1　國內生產毛額之組成─依行業分

年	總計	農業	工業	服務業
1955	100.0	29.1	23.2	47.7
1960	100.0	28.5	26.9	44.6
1965	100.0	23.6	30.2	46.2
1970	100.0	15.5	36.8	47.7
1975	100.0	12.7	39.9	47.4
1980	100.0	7.7	45.7	46.6
1985	100.0	5.8	46.3	48.0
1990	100.0	4.2	41.2	54.6
1991	100.0	3.8	41.1	55.2
1992	100.0	3.6	40.1	56.3
1993	100.0	3.6	39.4	57.0
1994	100.0	3.5	37.7	58.8
1995	100.0	3.5	36.4	60.2
1996	100.0	3.2	35.7	61.1
1997	100.0	2.5	35.3	62.2
1998	100.0	2.5	34.7	62.9
1999	100.0	2.6	33.2	64.2
2000	100.0	2.1	32.5	65.4
2001	100.0	2.0	31.2	66.9
2002	100.0	1.9	31.4	66.8
2003	100.0	1.8	30.6	67.6
2004	100.0	1.7	29.5	68.8

資料來源：《中華民國臺灣地區國民所得統計摘要》，2005 年 3 月，行政院主計處。

【思考題】：為何 GDP 之組成中，農業比重逐年降低，而服務業比重逐年增加？

 **本章重要詞彙**

Harrod-Domar 模型　　　　　　　Solow 成長模型

內生化成長模型　　　　　　　　黃金法則 (Golden Rule)

生產可能曲線 (Production Probability Curve)

保證成長率 (Warranted Rate of Growth)

自然成長率 (Natural Rate of Growth)

 本章練習題

1. 簡述 Solow 成長模型。如何推導出黃金法則?
2. 何謂內生化成長模型?

 本章參考文獻

1. 胡春田、巫和懋、霍德明、熊秉元合著 (1996)，〈長期經濟成長〉，《經濟學 2000 ——跨世紀新趨勢》，第二十四章，雙葉書廊。

2. 柳復起 (2000)，《總體經濟學》，第十六章，華泰文化。

3. 陳明郎 (2000)，〈成長差異與哈羅—杜馬模型〉，《總體經濟學》，第十八章，初版，學富文化。

4. 梁發進 (1996)，〈經濟成長概論〉，《總體經濟理論與政策》，第二十一章，三民書局。

5. 楊雲明 (1999)，〈經濟成長〉，《總體經濟學》，第十三章，初版，智勝文化。

6. 謝登隆、徐繼達 (1999)，〈經濟成長㈡〉，《總體經濟理論與政策》，第二十三章，七版，智勝文化。

7. Arrow, K. J. (1962), "The Economic Implications of Learning by Doing," *Review of Economic Studies*, 29 (2), pp. 155–173.

8. Barro, R. J. (1990), "Government Spending in a Simple Model of Endogenous Growth," *Journal of Political Economy*, 98 (5), pp. s103–s126.

9. Domar, Evsey D. (1946), "Capital Expansion, Rate of Growth, and Employment," *Econometrica* 14, pp. 137–147.

10. Fei, John C. H. and Gustow Ranis (1967), 邱盛生譯 (1977)，《勞動過剩經濟之發展——理論與政策》(*Development of the Labor Surplus Economy: Theory*

and Policy)，經濟學名著翻譯叢書第 111 種，臺灣銀行經濟研究室編印。

11. Gordon, Robert J. (2000), *Macroeconomics*, Chapter 9, Eighth Edition, Addison-Wesley Longman.

12. Harrod, Ray F. (1939), "An Essay in Dynamic Theory," *Economic Journal* 49, pp. 14–33.

13. Mankiw 著，吳文清譯 (1997)，〈經濟成長〉，《總體經濟學》，第四章，三版，臺灣西書。

14. Romer, P. M. (1986), "Increasing Returns and Long Ron Growth," *Jounal of Political Economy*, 94 (5), pp. 1002–1037.

15. Romer, P. M. (1990), "Endogenons Technological Change," *Journal of Political Economy*, 98 (5), pp. 71–102.

16. Solow, Robert M. (1956), "A Contribution to the Theory of Economic Growth," *Quarterly Journal of Economics*, pp. 65–94.

17. Solow, R. (1957), "Technical Change and the Aggregate Production Function," *Review of Economic and Statistics*, Vol. 39, August, pp. 312–320.

第十四章

景氣波動

　　經濟成長出現增加或衰退情勢，成為景氣波動現象。對景氣波動現象之解釋，有種種理論，試圖說明其影響因素，包括：凱因斯學派提出投資均衡行為，加速原理為其一著例；貨幣學派認為是政府政策（例貨幣政策）使然；選舉週期因素引發政治性景氣循環；新興古典學派預期理論指出不完全預期因素造成波動、實質景氣循環理論認為是供給面與實質面因素造成景氣波動。

架構圖 14 ── 景氣波動

景氣波動 { 景氣波動本質與預測 (14.1)

各種景氣循環理論 (14.2) { 凱因斯學派與乘數─加速原理

貨幣學派貨幣政策景氣循環

政治景氣循環

新興古典學派與實質景氣循環理論 } 比較

14.1　景氣波動本質與預測

14.1.1　景氣波動本質

所謂景氣波動 (Economic Fluctuation) 或景氣循環 (Business Cycle)，簡言之，就是大多數經濟部門的產出呈現趨勢 (Trend) 之波動，以及產出與其他經濟變數波動出現共通移動 (Co-movement) 的過程，有擴張或緊縮實質產出之勢。

國民所得產生波動之因，大致有兩種類型，一為經濟成長，另一為景氣循環。經濟成長是指生產資源的擴充，勞動力的增加，資本存量的累積，生產技術的進步等等因素，使總產出與就業水準於時間過程中不斷增長，此為經濟成長。景氣循環是指，實際經濟活動可能高（低）於長期成長趨勢而呈經濟繁榮（衰退）現象，又稱經濟循環 (Business Cycle)，或商業循環 (Trade Cycle)。

景氣循環有週期現象，是一種周而復始的變動，並在產業活動和商情波動中，出現規則性（範圍較狹）的反覆循環。如圖 14–1 所示，就每一循環週期而言，都經歷四個階段，那就是：

(1)擴張 (Expansion)：指自谷底朝向高峰，景氣逐漸好轉，首先是復甦 (Recovery)，由 A 點到 B 點；接著進入繁榮期 (Prosperity)，由 B 點到 C 點。

(2)高峰 (Peak)：經濟活動達到頂尖，進入高峰轉振點 (Upper Turning Point)，如 C 點，可能要轉趨緊縮。

(3)緊縮 (Contraction)：指經濟活動逐漸收縮，由高峰到谷底，生產活動先進入衰退期 (Recession) 階段，從 C 點到 D 點；再進入蕭條期 (Depression)，從 D 點到 E 點。

(4)谷底 (Trough or Slump)：經濟進入蕭條谷底如 E 點。在這谷底時，經濟可能慢慢有回春跡象，接續重複擴張、高峰、緊縮、谷底之過

程，進入下一個週期。

圖 14-1 所示即為長期所得趨勢與週期循環。

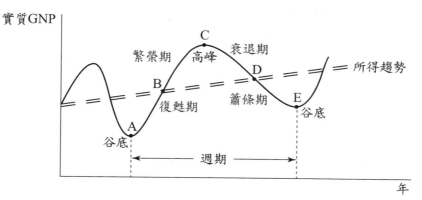

註：循環週期之認定：高峰與高峰，以及谷底與谷底之距離，均稱為景氣循環
週期。而高峰與谷底之高度，表示景氣變動大小的幅度，稱之為振幅。

圖 14-1 景氣循環圖

14.1.2 景氣波動預測

對於景氣波動之預測有多種方式：

(1)景氣對策信號：經建會研擬出一套「景氣對策信號」，綜合判斷短期
未來的景氣是否將進入過熱或衰退。

(2)計量模型：設定總體計量模型，根據歷史資料剖析各經濟變數之間
的相互影響關係，並據而推測未來經濟走勢，通常學術研究機構常
會採用此種方法來預測景氣走向。

(3)專家論壇：徵詢各界專家、企業家對未來經濟景氣之看法，綜合其
看法，研判其觀點之大致傾向，作為未來景氣走勢之參考。

14.2　各種景氣循環理論

14.2.1　凱因斯學派與乘數—加速原理

在凱因斯學派的經濟背景下，由於市場上價格調整缺乏彈性，供給與需求未透過價格調整來達到均衡，市場常處於失衡狀態，經濟活動常為無效率的情形，造成經濟一路蕭條衰退。

凱因斯認為：私人投資常是企業家心血來潮的舉動，根據企業界對未來利潤的預期決定其投資，但是其預期並不穩定，常受各種外在因素影響。

企業不穩定的投資，使得經濟亦呈現不穩定的波動，投資增加時便使經濟成長較為快速，投資減少時使經濟成長速度減緩。至於企業界決定投資的影響因素，在一般凱因斯模型裡並未以其他經濟變數來說明之，常以外生變數來處理。因此，經濟景氣的走勢，便常是受到投資外生變數之起伏而隨之波動的。

加速原理亦屬凱因斯學派所提出的看法。

投資與所得依其因果關係分成「乘數效果」與「加速原理」。乘數效果是討論投資變動將對所得造成倍數變動之影響，而加速原理所說明的為國民所得變動量對投資水準之作用，故兩者間之探討主題稍有不同。

加速原理的導出，立基於兩個基本假設：(1)現有的資本設備都已充分使用；沒有閒置資本，故增加生產時便需進行投資。(2)資本／產出比例 (Capital/Output Ratio) 固定不變，為了生產一單位的產品，其理想的資本設備使用量固定不變，因此理想資本設備之數量與國民生產間有一固定的比例，且其數值大於一。

以 v 代表此資本／產出比例，則理想的資本存量 (K) 與國民生產 (Y) 之間的關係為：

$$K_{t+1} = vY_t$$

　　式中下標 t 代表期間，K_{t+1} 為第 t+1 期期初（亦即第 t 期期末）的理想資本存量，Y_t 為第 t 期初的國民產出。此是假設生產者第 t+1 期初決定理想資本量時，認為第 t 期的產出 Y_t 在第 t+1 期仍將維持，故 t+1 期理想資本量 K_{t+1} 之水準以 vY_t 來決定之。

　　由於現有資本設備都已充分運用，每期新增資本量都需另行投資，故國民生產變動將導致資本量作 v 倍之調整，即：

$$K_{t+1} - K_t = v(Y_t - Y_{t-1})$$

$K_{t+1} - K_t$ 為第 t 期的投資淨額，以 I_t 代表之，則投資淨額需求為：

$$I_t = K_{t+1} - K_t = v(Y_t - Y_{t-1})$$

此式指出，投資淨額為國民生產（或所得）變化量，乘上資本／產出比例；換言之，投資是所得變動量之函數，而且是一個倍數 (v)，稱為加速度 (Accelerator)；「國民所得變動量」對「投資淨額需求」有加速度影響之現象，稱為加速原理。表 14-1 所示即為加速原理之一例。此例假設資本／產出比例為 2，然後可求出國民所得增量與投資淨額需求的關係。

表 14-1　加速原理之例

期間 t (1)	國民所得 Y_t (2)	期末理想 資本量 K_{t+1} (3)=2×(2)	所得增量 $Y_t - Y_{t-1}$ (4)	投資淨額需求 $I_t = K_{t+1} - K_t$ (5)
1	1,000	2,000	–	–
2	1,050	2,100	50	100
3	1,100	2,200	50	100
4	1,200	2,400	100	200
5	1,500	3,000	300	600
6	1,500	3,000	0	0
7	1,400	2,800	-100	-200
8	1,200	2,400	-200	-400

此表第(4)欄與第(5)欄可看出：(1)當所得之增量「固定」時，投資淨額之「水準」固定（如第 2 與第 3 年所得每年增加 50，投資每年為 100）；(2)當所得之增加「加速」時，投資淨額增加（如第 4 年所得增加 100，投資為 200）；(3)當所得之增加「減速」、投資淨額的增加減緩時，投資淨額減少（如第 5、6 年所得與投資均為負成長）。因此，投資淨額的增加減少，視所得之增加為加速或減速而定。至於投資之變化幅度，則同時受到加速度，亦即投資／產出比例 (v) 的影響；此一比例越大，投資之波動亦越大。

縱上所述，加速原理在探討所得變動對投資的影響，而「乘數原理」乃是反過來在說明需求（包括投資）之變動對均衡所得之影響。乘數與加速交互作用的乘數—加速原理 (Multiplier-Accelerator Interaction)。可用來說明景氣循環之現象。

乘數與加速原理交互情形，分成景氣擴張歷程與景氣衰退歷程，分別說明如下：

(1)景氣擴張歷程：總需求擴張 ⇒（乘數效果）所得增加 ⇒（加速效果）投資增加 ⇒（乘數效果）所得續增 ⇒（加速效果）投資再增 ⇒（乘數效果）……。

(2)景氣衰退歷程：投資減少 ⇒（乘數效果）所得減少 ⇒（加速效果）投資續減 ⇒（乘數效果）所得再減少 ⇒（加速效果）……。

藉著乘數與加速兩效果的交互作用，本身即具循環波動的性格。此理論是經濟學者薩穆爾 (Samuelson) 所提出，受到經濟界普遍重視。

14.2.2　貨幣學派之貨幣政策景氣循環

凱因斯學派的景氣循環模型，在假定價格和工資固定下探討。這樣的架構，與古典學派不同。古典學派認為，至少在長期裡，物價和工資皆是可以自由調整的，因為需求面的因素，在長期不可能不影響到價格和工資。古典學派也不認為，投資是景氣循環的主要衝擊因素，他們認為政府的政策變動，才是影響景氣循環最重要的理由。

貨幣學派承續了古典學派之看法，強調貨幣政策之重要性。貨幣學派

之代表性人物為美國芝加哥大學之傅里德曼 (M. Friedman)，傅里德曼與
「美國國家經濟研究局」(National Bureau for Economic Reserch, NBER) 研
究美國的景氣波動，以 1867~1960 年為樣本期間，研究結果發覺：美國名
目產出的循環波動之原因，主要是受貨幣供給變動之影響，且影響效果有
落後約一年之期間，即貨幣供給增加（減少）時，一年後的名目產出會增
加（減少）。

　　在經濟研究上，加州大學柏克萊分校的羅默夫婦 (Christina Romer and
David Romer, 1989) 研究美國 1960 年後之資料，其結論與傅里德曼相差不
遠。

14.2.3　政治景氣循環

　　選舉對景氣之影響，可由兩個方面來看。第一：不同政黨對於經濟政
策之施政重點不同；第二：選舉前後，政府與朝野各界之政策與經濟行為
不同。1980 年代中期起，開始受到重視的政治經濟學 (Political Economic)，
認為政府貨幣供給政策的變動，跟政黨輪替以及政黨不同的理念有關。

　　政治選舉對經濟景氣週期循環有所影響，由於不同政黨之經濟政策工
具之主張不同，因此執政黨更迭時，總體景氣會不同，另方面是選舉前候
選人傾向於提出擴張性總體政策，造成總體經濟會隨著選舉活動的舉辦而
有景氣循環現象。

　　以美國為例，民主黨 (Democratic) 傾向採用擴張政策，共和黨 (Repub-
lican) 傾向於控制通貨膨脹。根據學者阿列金那和薩克斯 (Albert Alesina
and Jeffery Sachs, 1987) 研究顯示：在 1949 ～ 1984 年間，共有四任民主黨
政府，五任共和黨政府，在民主黨政府主政期間，總統上任第一年便採取
擴張性貨幣政策，以刺激景氣；在共和黨政府主政期間，總統上任第一年
便採緊縮性貨幣政策，以抑制通貨膨脹。

　　另一種情形，乃是選舉之前，為爭取選票，執政黨多傾向於採用擴張
性政策，維持經濟景氣以及股市熱絡之情境。競選活動期間，各種經濟活
動較為熱絡，也造成選前經濟之成長。選後，經濟走向則有多種可能性，

如果原本經濟過度擴張而造成泡沫經濟，則選後便有經濟轉向之可能。而
選後對未來經濟情勢之展望與信心，乃是關鍵因素。

臺灣從 2000 年前後以來，不斷有選舉活動，選前各政黨候選人均傾向
於祭出增加公共建設或社會福利的承諾，怯於提高稅率以彌補國庫，遂造
成財政赤字逐年惡化。

上述種種現象，均與政治選舉有關，稱為政治景氣循環 (Political Business Cycle)。

14.2.4　新興古典學派與實質景氣循環理論

新興古典的模型，自從陸卡斯 (Lucas, 1973) 的文章問世以後，引起學
界甚多迴響。Lucas 談到「不完全訊息」在經濟行為上的重要性，並將之納
入經濟模型，可用以解釋景氣循環。貝羅 (Robert Barro, 1978) 的實證結果，
給予 Lucas 模型很大的支持。貝羅的研究發現，美國戰後大部分時間的景
氣循環，都是非預期性貨幣供給變動所造成的。在 1970 年代和 1980 年代
初，景氣循環的研究，幾乎皆集中在不完全訊息的非預期性貨幣政策效果
上。這套不完全訊息之說法，即為新興古典模型的一大特色。

然而，自 1980 年代初期開始，就陸續發現一些證據，並不是那麼的支
持不完全訊息新興古典模型的說法。有些研究發現，即使是預期性的貨幣
政策，也會造成景氣循環，並非只有不完全訊息下才會造成景氣循環。

另有一套實質景氣循環理論，主要關心的問題是：經濟體系是否有自
動調整的機能，以及政府應扮演何種角色。

實質景氣循環模型在本質上屬於新興古典學派模型的一支，為主張理
性預期的均衡模型。然而，在影響景氣循環的因素方面，實質景氣循環模
型主張供給面或實質因素才是造成景氣循環的主要原因，並非新興古典學
派所主張的預期因素。

實質景氣循環模型將長期與短期景氣波動，整合於單一模型架構進行
分析，此等分析架構不單用於封閉經濟體系，也逐漸被用於開放經濟體系
的分析。

　　與新興古典學派一樣，理性預期假設使政策當局在考慮採行政策措施時，必須將經濟主體的可能反映納入考慮；而且，由於實質景氣循環模型強調供給面實質因素對經濟波動的影響，也有助於政策當局多關心產業升級，解除供給面限制，提升行政效率，鼓勵科技發展等改善供給面的政策措施。

14.3　經濟實務話題

14.3.1　經濟景氣之判斷指標

(一)景氣對策信號

　　「景氣對策信號」是由行政院經濟建設委員會制訂，其主要目的在於藉燈號以提示應採的景氣對策，並綜合判斷短期未來的景氣是否將進入過熱或衰退，而預先發出信號，以供決策當局擬定景氣對策之參考，企業界亦可根據信號的變化，調整其投資計畫與經營方針。

　　景氣對策信號包括的內容，主要取決於一國當時經濟發展階段之政策目標。目前經建會編製的景氣對策信號包括：

(1)貨幣供給 M1B

(2)直接及間接金融

(3)票據交換及跨行通匯

(4)股價指數

(5)製造業新接訂單指數（以製造業產出躉售物價指數平減）

(6)海關出口值（以出口物價指數平減）

(7)工業生產指數

(8)製造業成品存貨率（成品存貨／銷售）

(9)非農業部門就業人數。

另將躉售及消費者物價指數變動率，以及經濟成長率等列為參考資料。

　　編製景氣對策信號首先須蒐集與景氣變動較為密切的統計系列，然後以適當的方法加以綜合。其編製方法係將經過選擇的每一系列經季節調整後分別訂出四個變動門檻值，以此四個數值作為區分燈號的分界點，這些分界點的數值稱為「檢查值」(Check Point)。按這些檢查值分為「紅燈」、「黃紅燈」、「綠燈」、「黃藍燈」、「藍燈」等五種信號；當個別統計系列的變動率超過某一數值時即分別亮出不同的燈號，每一種燈號給予不同的分數（紅燈 5 分、黃紅燈 4 分、綠燈 3 分、黃藍燈 2 分、藍燈 1 分），每月將景氣對策信號包括的統計系列所示的燈號分數合計，再綜合判斷當月的景氣對策信號應該是何種燈號❶。

　　個別統計系列的燈號係根據檢查值所判斷，而檢查值的決定可以根據過去經濟變動或景氣循環的情形，以及當時所採取的景氣政策，並參考未來經建計畫的目標情況予以綜合研判。

　　經建會編製景氣對策信號，係供政府採取因應措施之參考。若對策信號亮出「綠燈」，表示當時的景氣穩定；「紅燈」表示景氣過熱，政府宜採取緊縮措施，使景氣逐漸恢復正常狀況；「藍燈」表示景氣衰退，政府須採取強力刺激景氣復甦的政策；「黃紅燈」表示景氣活絡，「黃藍燈」表示景氣欠佳，二者均為注意性燈號，均宜密切注意其後續之景氣動向，而適時採取因應措施。

---

❶ 依經建會所編製之景氣對策信號，若燈號合計分數 45～38 分為「紅燈」，37～32 分為「黃紅燈」，31～23 分為「綠燈」，22～17 分為「黃藍燈」，16～9 分為「藍燈」。

年度	1991	1992	1993	1994	1995	1996	1997	1998	1999	2000	2001	2002	2003	2004
景氣對策信號判斷	綠	綠	綠	綠	藍	綠	綠	藍	綠	藍	藍	綠	黃紅	綠

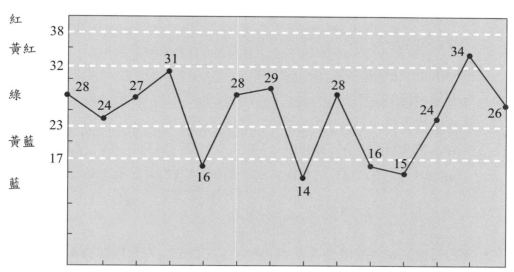

註：每年 12 月份資料
資料來源：經濟部統計處。

圖 14-2　景氣對策信號判斷

㈡景氣指標

經建會在判斷經濟景氣時，尚參考其他指標，例如「領先指標」（領先景氣變動之指標）與「同時指標」（與景氣同時變動之指標）。內容如下：

1. 領先指標（共七項）

(1)製造業新接單指數

(2)海關出口值

(3)貨幣供給 (M1B)

(4)製造業每人每月平均工時

(5)股價指數

　　　(6)核發建造面積

　　　(7)躉售物價指數

2.同時指標（共六項）

　　　(1)工業生產

　　　(2)製造業生產

　　　(3)製造業薪資

　　　(4)票據交換

　　　(5)國內貨運量

　　　(6)製造業銷售值

【思考題】：每項領先指標為何能據以判斷景氣之走勢？請逐項討論之。

14.3.2　臺灣景氣波動現象

　　根據行政院經濟建設委員會 2004 年十二月二十四日於其網站公布之「我國第十次景氣循環高峰、谷底之認定」報告可知，國內景氣自 1953 年至 1998 年間，已出現九次明顯的景氣循環。1998 年十二月為第九次循環之谷底，也代表第十次景氣循環擴張期的開始。

　　1999 年因東亞金融風暴影響已漸平息，美國經濟持續繁榮，國內經濟明顯復甦，下半年雖發生 921 震災，但對經濟負面影響並未擴大。2000 年前三季，國際景氣仍然強勁，國內工商貿易及股市金融等經濟活動十分活絡，惟第四季起，由於科技泡沫破滅、油價上漲，以致國際景氣反轉，國內經濟隨之走疲，十二月亮出第一個景氣藍燈。2001 年續受全球經濟疲弱、國內投資與消費停滯，以及下半年連續風災肆虐與 911 恐怖攻擊影響，經濟成長率出現歷史性的負成長 2.18%，失業率節節升高，景氣燈號全年均為藍燈，顯示國內景氣十分低迷。

　　2002 年因國際經濟轉趨復甦，帶動我國出口上升，經濟成長率由負轉為正成長 3.59%，實質 GDP 已回復 2000 年水準，景氣燈號自四月起亮出綠燈，國內經濟逐漸步出衰退陰霾。經其評估，我國第十次景氣循環應已結束。

　　一次完整的循環需歷經谷底、高峰、接著又回到谷底，每一次完成一個全循環的期間皆不相同，關於這十次循環的完整期間，如表 14-2 所示：

表 14-2　臺灣景氣循環基準日期

循環次序	谷底	高峰	谷底	持續期間（月）		
				擴張期	緊縮期	全循環
1st	1954.11	1955.11	1956.9	12	10	22
2nd	1956.9	1964.9	1966.1	96	16	112
3rd	1966.1	1968.8	1969.10	31	14	45
4th	1969.10	1974.2	1975.2	52	12	64
5th	1975.2	1980.1	1983.2	59	37	96
6th	1983.2	1984.5	1985.8	15	15	30
7th	1985.8	1989.5	1990.8	45	15	60
8th	1990.8	1995.2	1996.3	54	13	67
9th	1996.3	1997.12	1998.12	21	12	33
10th	1998.12	2000.9	2001.9	21	12	33

資料來源：行政院經建會。

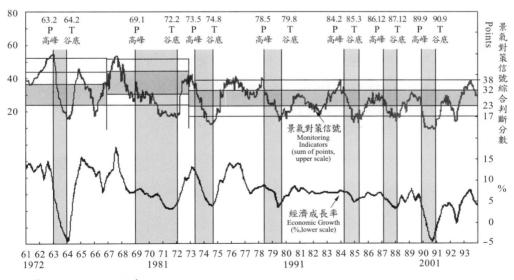

資料來源：行政院經建會。

圖 14-3　景氣對策信號與經濟成長率

本章重要詞彙

景氣循環 (Business Cycle)

景氣波動 (Economic Fluctuation)

乘數—加速原理 (Multiplier-Accelerator Interaction)

貨幣政策景氣循環

政治景氣循環 (Political Businress Cycle)

實質景氣循環

景氣對策信號

　本章練習題

1. 根據哪些指標可協助判斷景氣趨勢?
2. 加速原理與景氣循環的關係為何?

　本章參考文獻

1. 陳明郎 (2000),《總體經濟學》, 第十六章, 初版, 學富文化。
2. 張清溪、許嘉棟、劉鶯釧、吳聰敏 (2000),《經濟學——理論與實際》, 下冊, 第二十章, 四版, 翰蘆圖書。
3. 謝登隆、徐繼達 (1999),《總體經濟理論與政策》, 七版, 智勝文化。
4. Barro, Robert J. (1999), "The Keynesian Theory of Business Fluctuations," *Macroeconomics*, Chapter 20, MIT Press.

第十五章

開放經濟

　　國與國之間互相有商品與勞務之交易，稱為國際貿易；互相資金來往交易，稱為國際金融。一般而言，透過國際貿易與金融交易，可使福利增加，否則便會停止國際經貿活動。在解釋國際貿易行為的理論上，絕對利益原則與比較利益原則較具代表性。至於解釋國際金融行為的理論，常被提及的包括一價法則與購買力平價說、利率平價說，以及其他短期影響匯率之因素等。本章第一節簡介國際貿易，討論絕對利益原則與比較利益原則，第二節簡介國際金融，先從認識外匯市場開始，再繼而介紹其他國際金融理論（一價法則與購買力平價說、利率平價說與其他短期影響匯率之因素）。

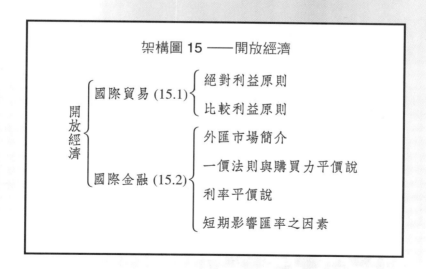

架構圖 15 —— 開放經濟

開放經濟
- 國際貿易 (15.1)
  - 絕對利益原則
  - 比較利益原則
- 國際金融 (15.2)
  - 外匯市場簡介
  - 一價法則與購買力平價說
  - 利率平價說
  - 短期影響匯率之因素

15.1　國際貿易

國與國之間進行貿易，其來有自，蓋貿易之後，兩國福利均會提高，否則會停止貿易。

自由貿易與無貿易之福利，進行比較如下。如圖 15-1 所示，HH′ 表示國內生產可能線，即所有生產資源充分運用之後所能達到的最大生產組合。圖中之 DD 線為國內價格線，其斜率代表 X 商品與 Y 商品之交換比率。生產可能線與價格線相切處 $\frac{\Delta Y}{\Delta X} = \frac{P_x}{P_y}$，其切點決定 P_0 點為未貿易以前的生產點，此點亦為未貿易前的消費點 C_0，此時的效用水準為 U^0。

開放貿易後，在本國為小國之假設下，無法影響國際價格，由國際價格決定其交換比率，國際價格線設為圖中之 FF 線所示，此與原有的國內價格線不同，依國際價格與國內生產可能線切點，國內的生產點自必由 P_0 點移至 P_1 點，由圖中很顯然的可以看出，國際貿易的發生（即有了交換之機會）擴大了消費的機會：即在未貿易以前，生產的機會就是消費的範圍；而在貿易以後，將使消費的範圍擴大至 FF 線延伸至與兩軸相交以內的範

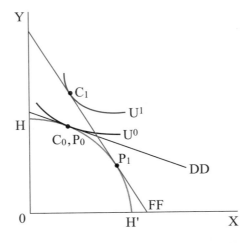

圖 15-1　自由貿易與無貿易之比較

圍，其較 HH′ 為大甚為顯然。消費者的選擇範圍因有了貿易機會而擴大，其效用自然因而可以提高。因此，由圖中可以很清楚的看出，在 FF 的國際貿易價格下，消費點為 C_1，社會的效用將提高至 U^1，較 U^0 為高。由此可以證明：自由貿易較無貿易為佳。

各國之間進行國際貿易，乃是基於各國均可透過貿易得到利益。在解釋國際貿易的理論上，有兩套常被提及的理論：

㈠絕對利益原則 (Absolute Advantage)

亞當史密斯 (Adam Smith) 首先用絕對利益原則來說明。生產某一項物品時，若甲國每生產一單位物品（例 X 物品）所需要的勞動量低於乙國，即甲國生產 X 商品的生產力較高，則甲國可將多餘 X 產品運往乙國。至於乙國生產另一種物品（例 Y 商品）的勞動量低於甲國，即乙國生產 Y 物品的生產力較高，則乙國可將多餘 Y 產品運往甲國。於是乎，兩國之間產生貿易關係，甲國輸出 X 商品給乙國，乙國輸出 Y 商品給甲國。

㈡比較利益原則 (Comparative Advantage)

李嘉圖 (D. Ricardo) 在他於 1817 年出版的名著 *On the Principles of Political Economy and Taxation* 中說明了支配兩國間貿易的基本原則，即為比較利益原則。他以英國與葡萄牙就布與酒為例加以說明：

「假設英國的情況是生產布一年需用 100 個勞工，而若想釀酒一年需用 120 個勞工，因之英國出口布而進口酒對其有利。至於葡萄牙生產酒只需要一年用 80 個勞工，而生產布則一年需用 90 個勞工，因之出口酒進口布對其有利。」

表 15–1　兩國生產兩種商品之勞動量

單位：人時

產品	英國	葡萄牙	備註
X（酒）	120 (l_X^1)	80 (l_X^2)	$l_X^1 > l_X^2$
Y（布）	100 (l_Y^1)	90 (l_Y^2)	$l_Y^1 > l_Y^2$

就上例中，均用「單位勞動含量」l_X^i 或 l_Y^i 的方式來表達 i 國生產 X 或 Y 之成本。而由表 15–1 例子中，英國與葡萄牙相較，無論生產酒或布，英國皆不具絕對利益，反是葡萄牙於兩種貨品的生產均有絕對利益。若以 A. Smith 的絕對利益原則來論，則英國無任何一種貨品可以於國際市場中與葡萄牙相競爭。在這種情況下，若勞動可以於國際間流動，勞動將自英國完全流出到葡萄牙去，英國將無法成為國家了。

但實際上，兩國勞動並非完全流動。各國人口有限，以有限的資源從事生產，必須用在最具生產力的用途上。葡萄牙將人力集中在生產酒方面，比生產布更具生產力；英國則將人力集中於生產布較具生產力，因此兩國之間將趨於專業分工，葡萄牙專業生產酒，英國專業生產布，然而從事貿易，葡萄牙出口酒進口布，英國出口布進口酒，兩國之福利水準均會提高。

15.2　國際金融

15.2.1　外匯市場簡介

外匯市場 (Foreign Exchange Market) 是外匯供需雙方進行交易的市場。外匯市場的基本功能是便於國際資金的兌換與移轉，俾各項涉及不同幣別的支付行為借貸契約得以履行，以促進國際貿易及投資。參加外匯交易的經濟單位有民眾及工商企業、一般商業銀行、外匯交易經紀商 (Broker) 以及中央銀行。民眾及工商企業是直接使用外匯或持有外匯者，與商業銀行進行交易，商業銀行與中央銀行進行交易，也可能透過外匯經紀商與中央銀行交易。中央銀行負責外匯政策及擬定外匯管理規章。我國外匯市場與國際金融市場接軌，外匯交易的場所為全世界各地銀行，乃至於各國中央銀行。

外匯交易型態依交易完成日期而有區分，如果交易都是現貨交易，立即（兩日內）完成交易轉帳交割手續者是為即期外匯交易 (Spot Transaction)，所依據的匯率為即期匯率或現貨匯率 (Spot Rate)。還有一種外匯交易是按已

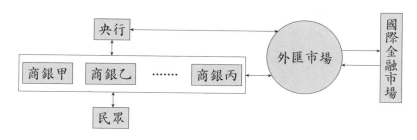

圖 15-2 外匯市場

約定的匯率買賣未來某一定日期交割的外匯期貨,可稱之為遠期外匯 (Forward Exchange Transaction),簽約時已決定的匯率為遠期匯率 (Forward Exchange Rate)。有外匯交易之銀行一般須同時掛出即期匯率與遠期匯率。

所消通貨貶值 (Depreciation) 是指一國貨幣相對於外國貨幣跌值,如果中央銀行採政策性降低國幣價值則稱為調降幣值 (Devaluate)。反之,通貨升值 (Appreciate) 是指一國貨幣相對於外國貨幣價值升高,如果是中央銀行主動採政策手段達成此目的則稱為調升幣值 (Revaluation)。當本國貨幣價值相對上升,會使本國產出的商品在外國市場顯得更昂貴。假設新臺幣對美元匯率原為 39 元換 1 美元,若升值為 30 元後,臺北銷往紐約,成本 3,900 臺幣一雙的皮鞋,原先賣 US$100,但後來則必須賣到 US$130 才夠本。同時美國商品在臺灣市場上變得較為便宜。無論是汽車、電腦、家具,都有一樣情形。反過來說,如果本國貨幣貶值,則臺灣商品在美國市場上更便宜,而且同時美國商品在臺灣更昂貴。商品的交易是如此,勞務(譬如說旅遊)也是同樣深受匯率變化影響。

計算匯率水準有兩種方式,一為直接匯率 (Direct Exchange Rate),即以一單位外幣所表示的本國幣價值,例如 1 單位美元可兌換 33 單位新臺幣,則匯率為 33,以符號 E_1 表示,E_1 上升表示本國幣貶值,外幣升值,E_1 下降表示本國幣升值,外幣貶值。另一種匯率表示方式為間接匯率 (Indirect Exchange Rate),即一單位本國幣可兌換的外幣價值,以 E_2 表示,例如 1 單位新臺幣可兌換 US$1/33。$E_2$ 上漲(下跌)的意義與 E_1 上漲(下跌)正好相反,整理如下。

直接匯率：

$$E_1 \uparrow \Rightarrow \text{本國幣貶值，外幣升值}$$
$$E_1 \downarrow \Rightarrow \text{本國幣升值，外幣貶值}$$

間接匯率：

$$E_2 \uparrow \Rightarrow \text{本國幣升值，外幣貶值}$$
$$E_2 \downarrow \Rightarrow \text{本國幣貶值，外幣升值}$$

外匯幣值調整後，對貿易會造成什麼影響呢？以新臺幣貶值為例，出口量固然增加，但出口單位價格則會降低（以美元計），出口值則視出口彈性而定。在外匯供需完全取決於經常帳輸出總值 x 與輸入總值 m 之假定下，外匯市場穩定性的判別條件是 $\varepsilon_x + \varepsilon_m > 1$，即外國市場上對本國輸出品的需求彈性 (ε_x) 加上本國人對輸入品的需求彈性 (ε_m) 必須大於 1，稱為馬歇爾─婁納條件 (Marshall-Lerner Condition)，簡稱為馬婁條件 ❶。滿足馬

---

❶　馬歇爾─婁納條件：

$CA = PX - EP_f M$

上式中 CA 為經常帳餘額，即出口減去進口之貿易順差，P 表示本國物價水準，X 表示本國出口數量，E 表示匯率（以一單位外國通貨可兌換若干單位的本國通貨表示），P_f 表示外國物價水準，M 表示本國進口財貨數量。因此我們假設本國物價水準與外國物價水準固定，其值等於 1。因此，本國經常帳餘額可改寫為：

$CA = X - EM$

將等式兩邊全微分得到：

$dCA = dX - EdM - MdE$

將上述等式兩邊同時除以 dE，得到：

$$\frac{dCA}{dE} = \frac{dX}{dE} - E\frac{dM}{dE} - M$$

令出口需求價格彈性 $\varepsilon_x = \dfrac{\dfrac{dX}{X}}{\dfrac{dE}{E}}$，進口需求價格彈性 $\varepsilon_m = -\dfrac{\dfrac{dM}{M}}{\dfrac{dE}{E}}$

因此，可將 $\dfrac{dCA}{dE}$ 改寫為：

婁條件則外匯市場是穩定的。如讓本國幣貶值,在商品生產成本不變之假設下,後果為增加出口而減少進口,即增加貿易帳餘額或改善貿易帳赤字;讓本國幣升值,則會減少出口而增加進口,即減少貿易帳餘額或增加貿易帳赤字。反之,倘若馬婁條件不滿足,則匯率調整之後的結果會不相同,造成外匯市場不穩定。

根據大量晚期的實證研究,馬婁條件很容易滿足,故在正常情況我們都認定市場均衡是穩定的,而貨幣貶值必能改善貿易帳,增加貿易餘額或降低貿易赤字。

15.2.2 一價法則與購買力平價說

匯率為外匯的價格,乃是由外匯供給與外匯需求共同決定,可分長期與短期兩種情況來分析。在長期,匯率主要根據商品市場的單一國際價格定律支配。假如同一噸鋼鐵在美國價值 US\$100,在日本賣 ¥10,000,則美元 \$ 對日圓 ¥ 匯率應是 1US\$=100¥。假如不如此,則商品供需會不平衡,此稱為一價法則。

$$\frac{dCA}{dE} = \frac{\varepsilon_x}{dE} \times \frac{dE \cdot X}{E} + E \times \frac{\varepsilon_m}{dE} \times \frac{dE \cdot M}{E} - M$$

$$= \frac{X}{E} \times \varepsilon_x + \varepsilon_m M - M$$

$$= M(\frac{X}{EM} \times \varepsilon_x + \varepsilon_m - 1)$$

由於經常帳平衡時 CA = X−EM = 0,即 X=EM,所以得到:

$$\frac{dCA}{dE} = M \times (\varepsilon_x + \varepsilon_m - 1)$$

由上式可知,一國通貨貶值可以改善其經常帳餘額的條件是:

$$\frac{dCA}{dE} = M \times (\varepsilon_x + \varepsilon_m - 1) > 0$$

一國通貨貶值可以改善其經常帳餘額的條件,是本國出口財貨的需求價格彈性的總和大於 1,亦即 $\varepsilon_x + \varepsilon_m > 1$。此條件稱為馬歇爾─婁納條件。特別值得注意的是,合乎馬歇爾─婁納條件,一國通貨貶值可以改善其經常帳逆差,可是若不合乎馬歇爾─婁納條件,經常帳逆差仍然可能因通貨貶值而改善,所以馬歇爾─婁納條件是充分條件,而不是必要條件。

　　一價法則 (The Law of One Price) 係指，不考慮退費、保險費及關稅等成本，兩國之間，同一商品以相同貨幣單位表示的價格應該相等。否則如果不相等，則會發生兩種貨幣間的套利 (Arbitrage) 行為。假設以 P 代表某商品的本國售價，以 P_f 代表該商品的國外售價，而 E 為每單位外國貨幣值多少單位本國貨幣所表示的名目匯率 (Nominal Exchange Rate)，則以本國貨幣單位表示的外國商品價格為 $E \times P_f$。

　　在一價法則下，如果此一商品在臺灣的售價，高於在美國的售價，即 $P > EP_f$，則從美國購買該商品，到臺灣轉售將有利可圖。這種行為屬於一種套利，會使美國該商品的價格下跌，直至 $P = EP_f$ 時，套利行為才會停止。反之，倘若本國商品的價格低於外國商品，亦即 $P < EP_f$，套利行為使本國價格上漲，外國價格下跌，直至 $P = EP_f$ 為止。只考慮同一商品的均衡下，$P = EP_f$ 的一價法則應該成立。

　　由於一價法則只適合用在單一商品，但一國商品甚多，一價法則並不能解釋一國之匯率到底取決於何商品的國際價格，另有一套匯率理論為購買力平價說 (Theory of Purchasing Power Parity, PPP)，此說主張匯率反映兩國物價水準，也就是貨幣購買力之相對比率。

　　購買力平價說，係根據上述一價法則，將個別商品價格推廣到一般物價水準，而由上述均衡條件引申出名目匯率為：

$$E = \frac{P}{P_f} \tag{1}$$

　　(1)式表示，名目匯率為本國物價與外國物價的比率。倘若其他情況不變，本國物價下跌，名目匯率降低，表示每單位外國貨幣可兌換較少單位的本國貨幣，造成本國貨幣升值。反之，若其他情況不變，本國物價上漲，則使本國貨幣將貶值。同理，即使本國物價不變，外國物價上升，名目匯率降低，表示每單位外國貨幣可兌換的本國貨幣數量減少，即本國貨幣升值。反之，其他情況不變，外國物價降低，表示本國貨幣貶值。因此，本國物價水準，若相對於外國物價水準提高，則本國貨幣趨於貶值；反之則

趨於升值。

　　譬如臺灣物價水準為美國的 30 倍,則反映新臺幣的購買力僅及美元 1/30,故均衡匯率為每美元值 30 元新臺幣。此外,根據相對觀點之購買力平價說,匯率的變化也應正確反映兩國物價指數的相對變化。例如某基期年美國與臺灣之國際收支接近均衡,當時匯率為每美元值 30 元新臺幣 (NT\$30/US\$1)。如果十年後美國物價維持不變,而臺灣物價上漲了 10%,則新的均衡匯率應為每美元值 33 新臺幣〔即 (NT\$30/US\$1)$\times\frac{110}{100}$=NT\$33/US\$1〕。

　　購買力平價說並未能準確的預測歷史上貨幣匯率的變化,原因是此理論太簡化問題了。國際交易之貨品並非同質,不能用單一貨幣價格。而且物價指數包含了貿易品與非貿易品,例如房租、水電價、餐飲費等。後面這一類勞務價格上漲,必定影響物價指數的上漲程度,但是卻不應該影響兩國的貿易,因此必定影響外匯匯率,但是卻完全不能反映在購買力平價說中。然而,在解釋長期匯率決定因素時,購買力平價說仍是較常被使用的理論。

15.2.3　利率平價說

　　匯率與利率關係密切,當國與國之間有貿易往來時,就會牽涉到匯率。同理,當國與國之間有資金來往時,就會涉及本國利率與外國利率。利率平價說 (Interest Rate Parity, IRP) 即在提出一套理論架構,以解釋兩國間利率的關係。首先,我們知道資金的運用旨在獲取報酬率,因此,資金之所以會在國際間流動,主要係因國際間資金的報酬率不同所致。

　　投資在本國金融市場的報酬率可用本國利率表示,但投資在外國的報酬率,除利率外,尚須考慮匯率的變動,以及其他風險因素。如果我們假設投資者為風險中立者 (Risk Neutral),只關心預期報酬,不在乎風險,而且所有投資者的風險態度相同,則均衡下,所有的資產的預期報酬最後將達到相同的水準。

　　資金在國際間移動的趨勢將隨兩國之相對報酬率而定，資金將從報酬率低的地區流向報酬率高的地區，而使報酬率低的地區之報酬率上升，使報酬率高的地區的報酬率降低。所以，利率平價說認為，均衡時兩國投資的報酬率應該相等，亦即本國利率應等於：外國利率加本國貨幣的預期貶值率。

㈠未拋補的利率平價條件 (Uncovered Interest Parity Condition)

　　假設本國利率為 r^D，外國利率為 r^F，名目匯率為 E，預期名目匯率為 E^e，則根據利率平價說，本國利率與外國利率的關係，可以寫成：

$$r^D = r^F + \frac{E^e - E}{E} \tag{2}$$

　　以一單位外國貨幣兌換多少單位本國貨幣來定義名目匯率 E，所以式中 $\frac{E^e - E}{E}$ 若為負數，則為本國貨幣升值率；若為正數，則為本國貨幣貶值率。因此，(2)式等號右邊為投資在外國的報酬率，即外國利率加本國貨幣貶值率或減本國貨幣升值率。是以，(2)式代表著：均衡時本國利率必須等於外國利率加本國貨幣預期貶值率，或減本國貨幣預期升值率的條件。而且，(2)式未考慮風險，所以屬於未拋補的利率平價條件。

　　進一步闡釋之，當 $r^D > r^F + \frac{E^e - E}{E}$ 時，因為在本國投資的報酬率高於在外國投資的報酬率，所以投資者會在本國投資，資本因而內流；反之，當 $r^D < r^F + \frac{E^e - E}{E}$ 時，在外國投資比在本國投資有利，投資者將在外國投資，資本因而外流。

㈡已拋補的利率平價條件 (Covered Interest Parity Condition)

　　如果投資者考慮風險，納入遠期外匯市場行為，即在遠期外匯市場進行拋補的避險工作，則其將未來報酬折成本國貨幣的匯率，稱為遠期外匯匯率。假設遠期外匯的名目匯率為 F，則可將拋補的利率平價條件寫成：

$$r^D = r^F + \frac{F - E}{E} \tag{3}$$

上式中，如果 F>E，則表示本國貨幣在遠期外匯市場較在即期外匯市場貶值。所以，本國貨幣有遠期折價 (Forward Discount)，外國幣有遠期溢價 (Forward Premium)。反之，若 F<E 則為相反情形。而(3)式以名目匯率除之，所獲遠期折價率（或溢價率），則代表進行外匯拋補時，所實現的本國貨幣貶值率（或升值率）。因此，(3)式表示均衡時本國利率必須等於：外國利率加本國貨幣的遠期折價率，或減本國貨幣的遠期溢價率。如果(3)式等號左邊小於右邊，則資本將外流，反之則資本內流。

15.2.4　短期影響匯率之因素

影響匯率短期變化的因素很多，很多理論認為匯率變化主要反映資產市場的情況，因此以資產組成平衡理論 (Theory of Portfolio Choice) 為基礎的資產途徑匯率理論為現代匯率理論的重心。從 1970 年代以來，這方面主要貢獻者有董布希 (R. Dornbusch)、鮑蘭森 (W. Branson) 及蔣森 (H. Johnson) 等教授。

用 E 代表匯率，也就是每單位美元換取的新臺幣數額：

$$E = (NT\$/US\$)$$

美元存款的預期報酬率為：

$$RET^F = r^F + \frac{E_{t+1}^e - E_t}{E_t}$$

新臺幣存款的預期報酬率為：

$$RET^D = r^D$$

式中 E_{t+1}^e 為下一期預期匯率，E_t 為本期匯率，r^D 為新臺幣存款利率，r^F 為美元存款利率。投資決策的選擇在於尋求最高的資金報酬率。如果把資金存於臺灣之銀行一年利率為 2%，存於美國存款帳年利率為 3%，但美元貶值或新臺幣升值的後果必須同時考慮。如果美元升值 1%，則資金以美元形式移往美國可望一年後的報酬率：

$$RET^F = 3\% + 1\% = 4\%$$

同理，如果美元貶值 1.5% 則 $RET^F=1.5\%$，此種新臺幣兌換美元的報酬率應該與他把資金用新臺幣形式在臺灣持有的報酬率 RET^D（即 r^D）相比。因此把資金以新臺幣形式持有之淨相對報酬率為：

$$NRET^D = RET^D - RET^F = r^D - r^F - (\frac{E^e_{t+1} - E_t}{E_t})$$

若 $NRET^D>0$ 則投資美元，$NRET^D<0$ 則投資外國，如果 $NRET^D=0$ 則表示資金不必移動。投資美國或臺灣收益率相同，此條件稱為利率平價條件。符合此條件則美國超過臺灣之利率差恰等於美元預期貶值率。

$$r^D - r^F = (\frac{E^e_{t+1} - E_t}{E_t})$$

持有美元資產的預期報酬率：

$$RET^F = r^F + (\frac{E^e_{t+1} - E_t}{E_t})$$

圖 15-3 橫軸為按百分率表示之預期報酬率。設 E^e_{t+1} 為不變，E_t ↑ 則 $r^F+(\frac{E^e_{t+1} - E_t}{E_t})$ 減少，故 RET^F 線向下斜，E_t 愈高 RET^F 愈小。RET^D 為持有新臺幣的預期報酬率，$RET^D=r^D$（按新臺幣計算，即銀行利率），RET^D 與 RET^F 在 Q 點相等，Q 點決定短期的均衡匯率為 E^*。

短期均衡匯率的變化可歸納為以下幾項因素：

(1)假定美國提高利率，則 RET^F 向右上方移動，令均衡匯率上升，新臺幣相對貶值，E^* ↑，如圖 15-4。

(2)若人們預期新臺幣未來價值下跌，即 E^e_{t+1} ↑，也使 RET^F 向右移動。E^* ↑，亦如圖 15-4。

(3)若我國中央銀行提高 r^D，則 RET^D 向右移動，結果使新臺幣升值，如圖 15-5。

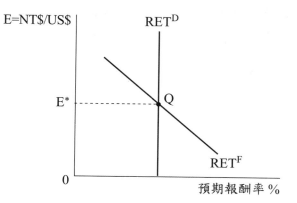

圖 15-3　短期匯率均衡

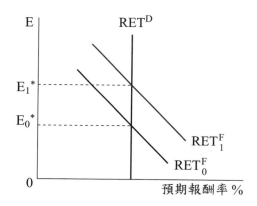

圖 15-4　國外投資報酬變動

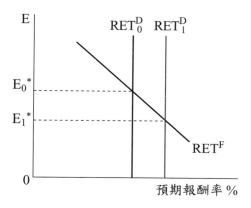

圖 15-5　匯率與預期報酬率

影響匯率變動之因素尚有很多，例如臺灣為支撐新臺幣價值，可以在人們預期新臺幣貶值之際（RET_0^F 向右移往 RET_1^F）大舉提高國內利率，於是 RET^D 向右移動，而最後的均衡為何，則視兩條線移動之相對幅度而定。

15.3　經濟實務話題

15.3.1　魯濱遜有了鄰居

國家與國家之間，有輸出輸入，各式各樣的貿易活動盛行。話說回來，為什麼國與國之間一定要有貿易？自給自足不好嗎？

看看《魯濱遜漂流記》中主角的日子，他在荒島上自力更生，親自捕魚、打獵、耕種，照樣活得健壯，這樣的日子直到他有了鄰居之後才改變。

這鄰居是被魯濱遜從食人族中救出來的俘虜，魯濱遜為紀念這個結束他二十四年獨居生活的日子，特將他取名為「星期五」。

魯濱遜與星期五之間，會產生什麼故事？

如果魯濱遜維持原來的生活形態，自給自足，仍是不愁衣食。星期五也可效法魯濱遜，捕魚摘水果樣樣自己來，不必仰仗他人。這是一種兩人各自生存的模式。

很快地，兩人會發現：如果魯濱遜出海捕魚時多捕一條魚，星期五摘香蕉時多摘兩根香蕉，回到山洞中，星期五用兩根香蕉向魯濱遜換一條海魚，雙方省事方便又營養充足，這情形顯然比原來更佳。

繼續這樣下去，魯濱遜負責漁獵，星期五負責採摘果實，各自的捕魚與摘果的技術更加精進，透過交換之後，兩人生活水準也提高了。於是，自力更生的時代宣告結束，代之而起的，是分工合作的群體活動。

這就是分工與交易。用在荒島上兩人身上，叫作互助共存；用在兩家廠商之間，叫作業界買賣；用在不同產業之間，叫作產業分工；用在兩國之間，叫作國際貿易。

做一件衣服，有人負責織布，有人負責剪裁。做一架鋼琴，有人負責

磨木，有人負責調音。生產一部電腦，有些國家擅長研發晶片，有些國家則擅長組裝。只要有兩個以上的人，便會有交易；只要有兩個以上的國家，便會有貿易。富有的國家會從落後的國家進口，落後的國家也可享用先進國家的產品。

　　無論是個人或國家，都有機會與他人或他國交易。

　　但是要問問自己：自己具備什麼本事，可讓人家願意與你合作？

資料來源：楊雅惠，〈論經濟糧——魯濱遜有了鄰居〉，《聯合報》，2003 年 12 月 23 日

15.3.2　臺灣進出口貿易

　　臺灣之進出口趨勢可由圖 15-6 與表 15-2 觀察得知，除了 1998 年（亞洲金融風暴次年）與 2001 年（景氣蕭條）之進出口均負成長之外，其餘各年多為正成長，且為貿易順差。

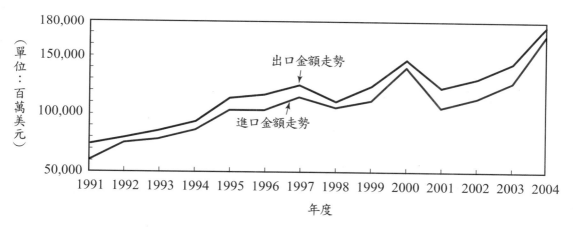

圖 15-6　臺灣進出口走勢

表 15-2　臺灣進出口成長率

年度	1991	1992	1993	1994	1995	1996	1997	1998	1999	2000	2001	2002	2003	2004
出口年增率 (%)	13.3	7.0	4.4	9.4	20.0	3.8	5.3	−9.4	10.0	22.0	−17.2	6.3	10.4	20.7
進口年增率 (%)	14.9	14.6	7.0	10.8	21.3	−1.1	11.8	−8.5	5.8	26.5	−23.4	4.9	13.1	31.9

資料來源：《臺灣地區進出口貿易統計月報》，財政部統計處、經濟部統計處。

　　貿易結構由圖 15-7 可知：1991 年臺灣之主要出口對手國為美國，2002年主要出口對手國已以大陸為第一位。

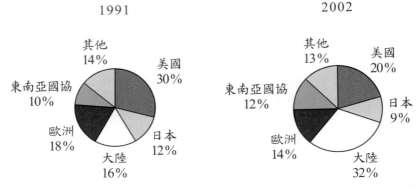

1991　　　　　　　　　　　　2002

單位：百萬美元

	美國	日本	大陸	歐洲	東南亞國協（10 國）	其他	總值
1991	22,321	9,189	12,430	14,001	7,530	10,708	76,179
2002	26,764	11,984	40,798	18,553	15,879	16,625	130,603

資料來源：《臺灣地區進出口貿易統計月報》，財政部統計處、經濟部統計處。

圖 15-7　臺灣與出口對手國之貿易額

【思考題】：臺灣近年來對外貿易結構如何？

本章重要詞彙

絕對利益原則 (Absolute Advantage)

比較利益原則 (Comparative Advantage)

馬歇爾─婁納條件 (Marshall-Lerner Condition)

一價法則 (The Law of One Price)

購買力平價說 (Theory of Parchasing Power Parity, PPP)

利率平價說 (Interest Rate Parity, IRP)

本章練習題

1. 倘若預期本國貨幣會貶值，中央銀行遂提高利率，其對匯率的影響為何？

2. 用購買力平價說來解釋匯率變動，有何缺失？

3.美國（先進國家）與墨西哥、中國大陸（經濟發展中國家）均有大宗貿易，為何此種貿易會進行？

 本章參考文獻

1.梁發進 (1996)，〈國際收支與匯率〉，《總體經濟理論與政策》，第十五章，三民書局。

2.趙捷謙 (1996)，《國際貿易理論與政策》，第三章、第九章，二版，五南文化。

3.蕭欽篤 (2000)，〈彈性分析法與經常帳餘額〉，《國際金融》，第十三章，智勝文化。

4. Krugman, Paul R. and Obstfeld, Maurice (2003), *International Economics: Theory and Policy*, Sixth Edition, The Addison-Wesley Series in Economics.

第十六章

經濟學派思潮之異同

　　總體經濟學有不同學派，較具代表性者為古典學派與凱因斯學派，對於市場機能與政府角色有截然不同之分析與政策主張。許多經濟學者陸續修正前人之理論，衍生出不同學派，例如貨幣學派與新興古典學派便是在凱因斯學派受到質疑之後，服膺古典學派並修正而衍生之學派。種種學派反映當時總體市場之背景與政策之適切性。

　　本章對總體經濟學的主要學派作介紹，可窺知總體經濟學發展的多樣性。

架構圖 16 ── 經濟學派思潮之異同

經濟學派思潮之異同
- 古典與新古典學派 (16.1)
- 凱因斯學派 (16.2)
- 貨幣學派 (16.3)
- 新興古典學派 (16.4)
- 重要經濟學派之比較 (16.5)

　　經濟學係為了解釋分析每時代的經濟問題，尋求適切的經濟政策來改善經濟環境。隨著時代與經濟環境之變遷，適用之經濟對策與分析方式亦有不同，遂演變出不同的經濟學派思潮。

　　最早可追溯至古典學派 (Classical School)，自 19 世紀至 1930 年代間，強調自由放任式的市場經濟；在 1930 年代經濟蕭條期間，古典學派提不出適切解決方案，1936 年英國經濟學家凱因斯 (J. M. Keynes) 出版《就業、利息與貨幣之一般理論》(*The General Theory of Employment, Interest and Money*) 質疑古典學派之適切性，提出了一套嶄新的經濟剖析看法，認為政府應介入市場，並執行因應對策來提振經濟，後人將凱因斯對經濟思潮的大幅扭轉稱為「凱因斯革命」。隨後更有不少學者追隨凱因斯看法，作進一步深入分析或進一步推導演繹，此派理論被稱為「凱因斯學派」(Keynesian School)。

　　凱因斯思潮風行 40 餘年之後，又因為時代環境變遷，貨幣學派 (Monetarism) 崛起，對凱因斯思想有所修正。此外，與古典學派觀念貼近的新古典學派 (Neo-Classical School)、新興古典學派 (New Classical School) 陸續提出論述；另外也有學者為凱因斯之思想提出辯護，總體經濟學之思潮在變遷的時代與經濟環境下交替更迭。

16.1　古典與新古典學派

　　經濟行為是人類社會原本即存在的行為，至於形成一門學派來分析經濟現象，稱為經濟學，則可遠溯自亞當史密斯 (Adam Smith) 出版的《國富論》(*The Wealth of Nation*) 開始。書中強調：個人追求一己利益極大化，加總成國家財富也會造成全國財富之極大化，其自由放任主義的思想，成為古典學派之主流。

　　古典學派理論之所以有充分就業之假設，蓋其發展之時，社會上並無嚴重的失業問題，只有供給不足的問題，只要能生產出來，便有購買需求，即使社會上有生產與就業的變動，也只是短期現象。換言之，古典學派服

膺賽伊法則 (Say's Law)，即「供給自創需求」(Supply Creates Its Own Demand)，只要有供給，便有需求相應，不會有需求不足的問題。因此，只要增加供給，便會提高國民所得。所得水準由供給面決定，此理論也是強調供給面的理論。也因為如此，社會上並無嚴重的失業問題，失業者只要願意投入生產行列，其產品自然可銷售出去，可謂是充分就業的情況。

古典學派的理論把實質面與貨幣面明確劃分成兩部分。實質面討論商品及勞務間相對價格與成交數量之決定因素，包括工資與利率之決定，故也涉及就業量、總產量、成長率這些實質總體經濟變數，而各商品與生產要素之相對價格不必顧及貨幣數量。至於貨幣面專討論一般物價水準，而且貨幣因素僅能決定物價水準，如同面紗一般，不影響實質面諸變數，稱為貨幣中立性 (Neutrality of Money)。

古典學派與新古典學派最著名的理論，可謂大師費雪 (I. Fisher) 的交易方程式，後來又進一步衍生成貨幣數量說之看法：貨幣數量乘以其平均流通速度恰等於市場上貨品交易量（或所得）乘以物價之總和，以符號 M 表示貨幣數量、V 為此期間貨幣平均流通速度、P 代表平均物價水準、T(Y) 代表此期間交易數量（所得），即 MV=PT（或 MV=PY）。V 及 T(Y) 在短期內皆甚為穩定，故貨幣數量 M 增加必引起物價 P 等比例上漲。

另一經濟學者馬歇爾 (A. Marshall) 所創劍橋學派之現金餘額學說 (Cash Balance Approach) 認為貨幣需求 M 與名目所得 Y 成比例變化：

$$M = kPY$$

式中 k 為貨幣 M 與名目所得 PY 之比例。由於 k 涉及社會交易習慣，短期內不變；Y 為充分就業所得，保持固定，故貨幣數量會與物價成等比例增加，即 M_0 變成 $2M_0$，則 P_0 變成 $2P_0$，而 Y 不變。各種商品之間的相對價格比率完全與貨幣數量無關，價值理論與貨幣理論之間彼此不會相互影響，是為古典學派的二分論，稱為貨幣中立性。

新古典學派在經濟分析工具上也推出了「邊際分析」方法，頗受廣泛運用，即是在分析經濟各單位決策時，考慮邊際量變動的影響，據以決定

經濟行為。

　　古典學派之代表人物有亞當史密斯 (Adam Smith)、李嘉圖 (D. Ricardo)、彌爾 (J. S. Mill)、賽伊 (J. B. Say) 等，而新古典大師如馬歇爾 (A. Marshall)、費雪 (I. Fisher) 及皮古 (A. C. Pigou)。

16.2　凱因斯學派

　　古典學派強調市場機制，保證供需均衡機制之達成，認為均衡價格由市場供需決定，價格保持充分彈性，反映出供給與需求之相對態勢，價格扮演著「看不見的手」(Invisible Hand) 之角色，調節著供給與需求之數量，超額供給時價格趨降，超額需求時價格趨漲，最後終於達到均衡價格與均衡成交量。不但商品市場價格透過市場供需決定，資金市場的利率也是透過市場供需決定。

　　古典學派之適用性並非一成不變，1930 年代，全球經濟大蕭條，美國華爾街不少銀行紛紛倒閉，市場機能失靈，古典學派的理論之適用性受到質疑。凱因斯在 1936 年發表巨著《就業、利息與貨幣之一般理論》，提出不同於古典學派之經濟思維，造成經濟學上一大震撼。凱因斯指出賽伊法則並不適用當時情形，利率未出現彈性浮動而調節市場供需的功能，價格也出現僵固性。市場上有效需求 (Effective Demand) 不足，產品大量滯銷，遂而失業問題嚴重，所得降低。

　　價格與工資僵硬性是當時的社會現象，工會均集體議價，貨幣工資不易下降，往往造成勞工供過於求，勞動者大批失業，他們的所得減少，消費支出必然萎縮，使產業更是衰退，故失業成為經濟蕭條的後果。

　　凱因斯的一大特色是指出流動性陷阱 (Liquidity Trap) 現象，即在利率降低至某一水準時，所有具流動性的貨幣將被無限量保有，大眾等待以後利率回漲時再拋出貨幣來購買債券。凱因斯對利率的決定，蓋是以貨幣供給與貨幣需求作為主要影響因素，稱為流動性偏好理論 (Liquidity Preference Theory)。

　　凱因斯的看法不同於古典學派，主張藉由政府的大力干預，以擴張性的財政政策增加市場的總需求，來突破工業國家在經濟蕭條時期生產過剩而需求不足的困境。凱因斯提出的政策主張在經濟蕭條時期，確能發揮若干刺激景氣之功效，因此他的理論在戰後近三十年曾風行歐美經濟學界，其分析工具與名詞概念被世人普遍採用，甚有些人稱凱因斯為現代總體經濟學之父。此學派代表人有薩繆爾遜 (P. Samuelson)、拓賓 (J. Tobin)、莫迪格蘭尼 (F. Modigliani) 等，三位均曾榮獲諾貝爾經濟學獎。

16.3　貨幣學派

　　凱因斯的理論後來也受到質疑，到 1970 年代貨幣學派 (Monetarism) 興起，挑戰凱因斯學派理論。曾長期在芝加哥大學執教的傅里德曼 (M. Friedman) 為其代表，他支持古典學派貨幣數量說的一部分理論，並彌補修改古典學派看法。此學派之重要學者還有賴德勒 (D. Laidler)，蔣森 (H. G. Johnson) 等。傅里德曼亦因其對經濟學之重要貢獻榮獲 1976 年諾貝爾獎。

　　貨幣學派有下述看法：

1. 經濟體系未必需要政府調節需求政策之介入

　　貨幣學派認為：儘管市場價格機能的運作不盡如理想，但是長期內它仍足以保證經濟的穩定。他們認為：1930 年代經濟大恐慌之原因複雜，不能全歸咎於市場機能之失靈，尚有其他因素，例如當時歐美各國銀行大量倒閉形成貨幣數量的空前銳減也是主要原因之一。

2. 政府政策不盡然正確，且政策效果常會滯後

　　貨幣學派認為：政府政策措施的效果，透過經濟體系各部門的運作，至其產生效果時，已經過一段時間了，即其政策效果常會滯後。譬如原來經濟不景氣時政府採用擴張性措施，欲透過有效需求增加來刺激所得成長，然而，達成功效時常是在經濟活動到達旺盛時，於是徒然助長通貨膨脹。由此可知，政府政策效果常有不確定的時間上的落後，反而變成破壞經濟穩定的因素。

3. 失業為短期現象, 長期將維持在自然失業率

　　貨幣學派認為勞動市場的價格調節機能會建立充分就業, 此乃長期正常現象。失業率升高只是短暫失調現象, 而且是由於人們對預期通貨膨脹率估計錯誤的後果。長期而言, 將維持充分就業, 至於少數失業者形成之勞動失業率為自然失業率 (Natural Rate of Unemployment)。如果勞動者預期通貨膨脹率為 5%, 要求貨幣工資上漲率亦同幅上漲, 但是實際通貨膨脹率只有 3%, 則他們要求的真實工資水準顯然太高, 雇主只好裁員, 使社會失業率上升至超過自然失業率。但是這種現象不會持續下去, 因為勞動者很快會修正其預期, 使真實工資更切合雇主願負擔之成本, 讓失業率下降到長期穩定的自然失業水準。

16.4　新興古典學派

　　1970 年代後期有高失業率與高通貨膨脹率現象, 西方國家受能源危機、匯率浮動及工會勢力增強諸多因素之影響, 大多數皆困於停滯性通貨膨脹, 政府採用的調節需求政策似乎效果微弱。這種時代背景下, 冒出了一支新的思想潮流, 稱為新興古典學派 (New Classical School), 以陸卡斯 (R. Lucas)、巴諾 (R. Barro)、閔福德 (P. Minford) 等人為代表。

　　其實新興古典學派由於學者鑽研者眾, 隨著不同學者的分析工具, 研究重點不同, 衍生出種種不同學派。

　　新興古典學派有下述假定:

1. 市場如完全競爭市場般價格彈性

　　價格可以自由機動調整, 直到供需均衡, 買賣雙方均感滿意為止。

2. 視充分就業為勞動市場正常狀態

　　勞動市場在工資與價格均會自由調整之下, 將達到供需均衡, 沒有非自願失業, 至於無工作者則是因為對於工資不滿意而無工作意願。

3. 人們能運用一切有關情報改正他們的預期

　　他們不會屢次犯錯, 而且所作預期均高度理性。整個經濟社會的生產

與就業水準皆基於人們的理性經濟行為而建立均衡值。

對於經濟行為的預期分析，常被引用之兩種分析法為適應性預期 (Adaptive Expectation) 與理性預期 (Rational Expectation) 理論。在 1950 年代至 1970 年代，總體經濟理論中，預期物價或預期通貨膨脹率之形成，大多以適應性預期模型處理。適應性預期假設，個人根據過去的預測誤差，調整未來的預期。然因適應性預期有下述缺點，以致許多經濟學家改採理性預期模型代之。

適應性預期有下述缺點：

(1)由於適應性預期模型只考慮過去之物價或通貨膨脹率，故為後顧的 (Backward Looking)。然而，預期係對未來可能發生的狀況之看法，屬於前瞻的 (Forward Looking)，因此適應性預期模型有其不足之處。

(2)在適應性預期模型下，若發生預測誤差 (Forecasting Error)，則這種誤差會一直存在。譬如，人們若一開始的預期物價就低於實際物價，則雖然他們會按適應性預期模型作部分之修正，但修正後之物價預期仍將低於實際物價。換言之，在適應性預期模型中，人們會犯系統性錯誤 (Systematical Error)。在知錯必改的合理假設下，理性預期學派認為，適應性預期模型的這種系統性錯誤並不合理，所以，理性預期理論應運而生。

政府政策諸如貨幣政策、財政政策之變動以及經濟結構之變動，皆會改變個人的預期。因此，理性預期模型的重要特色在於：個人預期因係根據理論模型引申，所以與理論模型相符，而且模型的預測亦與個人對經濟的看法一致。因為，理性預期模型與經濟模型具有此等一特性，所以自 1970 年代開始，經濟學界逐漸重視理性預期模型在總體經濟學中的重要地位。

在政策主張方面，新興古典學派憑藉理性預期假設而推演的結論，等於全面否定了政府經濟政策的功效，認為政府的貨幣政策或財政政策都只有在使人民繼續產生錯誤的物價預期之條件下，才可能改變實質生產與就業量。但因人們預期是理性的，此種錯誤預期很快將被修正，結果縱然在短期內政府的調節需求政策也是徒勞無功的。換言之，政府刻意藉政策來

影響總體經濟，往往沒有效果。

16.5 重要經濟學派之比較

前述古典學派、凱因斯學派、貨幣學派、新興古典學派之背景，分析
工具與政策主張可簡示於表 16-1。

表 16-1 經濟學派整理

學派	背景	理論	政策主張
古典學派與新古典學派	充分就業	1.交易方程式與貨幣數量說：$MV=PY$ 2.現金餘額學說：$M=kPY$	1.貨幣具有中立性 2.尊重市場機能，反對政府干預，供給自會創造其本身需求
凱因斯學派	1930 年代經濟大恐慌後	1.有效需求理論 2.流動性偏好理論	1.賽伊法則非常態 2.價格與工資具有僵固性 3.主張藉由政府的擴張性政策刺激所得成長
貨幣學派	1970 年代，對抗凱因斯理論	貨幣之重要性	政策效果有延滯性，質疑政府刻意實施之反循環經濟政策
新興古典學派	1970 年代後期之停滯性通貨膨脹	預期理論	在預期心理下，質疑政府經濟政策之功效

古典學派的背景為充分就業，分析工具主要為貨幣數量說（或現金餘
額學說），政策主張強調市場機能，欲刺激所得則需強調供給面分析，至於
貨幣只影響物價而不影響所得。

凱因斯與凱因斯學派在 1930 年代經濟大恐慌時期崛起，不同意古典學
派的充分就業假設，認為失業可能為常態，價格與工資具僵固性，需仰賴
政府干預市場來刺激景氣。

　　貨幣學派與凱因斯學派不同調，傾向於認同古典學派的主張，質疑政府反景氣循環政策的有效性。

　　新興古典學派承襲古典學派精神，而適應性預期與理性預期等觀點也納入了廣義的新興古典學派之範疇。

　　除了上述各學派之外，經濟學尚有諸多學派。最早可溯至重農學派，認為經濟表現只要順應自然的秩序 (Natural Order)，不必人為強求，則可達於最適境界。此外新興古典學派始自於 Lucas (1972、1973) 兩篇經典之作，Barro (1976) 予以修正，考量資訊不完全性與理性預期，新興凱因斯學派 (New Keynesian School) 接納了理性預期之說法，但以價格變數的滯固性來對抗古典學派中立性假說。Fisher (1977)、Taylor (1979、1980、1985)、Mc-Callum (1977、1978)、Sargent-Wallace 等人均是新興凱因斯學派之代表性學者。

　　由於總體經濟現象的繁複，經濟學研究嘗試著化繁為簡，但是總難周全。再加上經濟社會隨時代而有變遷，在解決經濟問題時，適合的對策需因時制宜，故經濟學各學派的分析重點與政策主張不盡相同，甚至南轅北轍，造成可謂為社會科學的普遍現象，與自然科學講求確切解答的思考方式大相逕庭。

16.6　經濟實務話題

16.6.1　經濟學笑話三則

有幾個關於經濟學家的笑話：

㈠獨臂經濟學家

　　美國杜魯門總統在聽了幾位經濟學家的經濟分析建議報告後說：「以後，我要找獨臂經濟學家。因為經濟學家總是說：『一方面 (on one hand, ...) 應如何如何，另一方面 (on the other hand...) 應如何如何…。』」

㈡假設有了開罐器

　　一艘船落難到某一荒島上，數日沒有找到食糧，意外的發現一個罐頭，眾人正絞盡腦汁討論如何來打開這個罐頭。這時候，其中一位經濟學家提出了解決妙方：「我有法子了。」大家瞪大了眼睛看著他，這位經濟學者說：「假設我有開罐器，那麼我便能打開它。」

㈢世上最早的行業

　　一位經濟學家、一位建築師及一位外科醫生在一起爭論世界上哪種行業最早。外科醫生說：「人類最早是從亞當身上抽出一根肋骨造成夏娃，故最早的行業是外科醫生。」建築師不甘示弱：「亞當、夏娃住在伊甸園，伊甸園是誰造的呢？可見最早的行業是建築師。」剩下經濟學家緩緩開口了：「你可要知道，在有伊甸園之前，世界可是一團混沌。是誰把世界弄得一團混沌呢？可見最早的行業當然是經濟學家。」

　　上述笑話只是閒聊話題，不必當真。但這些笑話已點到了經濟學研究尚有若干限制。然而，即使是有限制，經濟學研究仍然對於釐清經濟現象，剖析政策影響管道，作了邏輯性的推理與實證性的檢繪，確有若干貢獻。未來，尚待努力的課題很多，只要經濟社會不斷變遷，則值得深入探討的議題仍然甚多。

　　【思考題】：經濟學只是探討社會問題的一個領域。若要治理國家，尚有哪些重要的領域應該予以考量？如何結合這些不同領域的專業以達到國家社會最大福利？

 本章參考文獻

1. 施建生 (1996)，《現代經濟思潮》，初版，大中國圖書。

2. 柳復起 (2000)，《總體經濟學》，第三章，華泰文化。

3. 梁發進 (1996)，〈新興古典學派模型〉，《總體經濟理論與政策》，第十八章，

三民書局。

4. 陳師孟 (1990)，《總體經濟演義》，翰蘆圖書。

5. Barro, Robert J. (1984), *Macroeconomics*.

6. Lucas, Robert E. Jr., and Thomas J. Sargent, eds. (1981), *Rational Experiences and Econometric Practice*, Vol. 1 and 2, University of Minnesota Press.

7. Mair, Douglas and Miller, Anne G., eds. (1991), *A Modern Guide to Economic Thought: An Introduction to Comparative Schools of Thought in Economics*, Aldershot, U.K.: Elgar.

 ## 本章重要詞彙

古典學派 (Classical School)　　　　凱因斯學派 (Keynesian School)

貨幣學派 (Monetarism)　　　　　　新興古典學派 (New Classical School)

適應性預期 (Adaptive Expectation)　理性預期 (Rational Expectation)

 ## 本章練習題

1. 古典學派與凱因斯學派對於政策主張有何差異？

2. 為何凱因斯的理論能夠在原本古典學派思潮中得到重視而蔚為風潮？

個體經濟學——理論與應用　黃金樹／著

　　本書用語平易近人閱讀輕鬆，只要是對經濟學有基本的認識，又想更進一步了解個體經濟學，但同時也擔心過於艱澀的數學模型推導會成為理解阻礙者，本書提供一個完善的學習平臺，內容將個體經濟學之重要概念及要點清楚提及，從基本的消費者選擇理論、廠商行為相關理論，一直到近代經濟學發展應用最廣泛的賽局理論、不對稱資訊等理論皆有詳盡分析說明。

西洋經濟思想史　林鐘雄／著

　　這是以現代用語和觀點探討、介紹西洋經濟思想演進的書。作者依時間順序與學說性質，詳細描述兩百年來西洋經濟學家在經濟思想上的貢獻，另外對現代主要經濟學家的理論及其思想淵源亦有深入的剖析。有志研讀經濟理論的年輕朋友，或有意充實經濟知識的人士，可以本書作為研究現代經濟學的起點。

國際貿易理論與政策　何瓊芳／著

　　為了達到生動、務實、精準、具前瞻性以符合現代及未來經貿環境的需求，本書以人文探索的角度找出貿易理論形成的原因與最新發展，逐步推演其間的來龍去脈，介紹臺灣近代貿易之概況與世界經貿整合之趨勢，以坦然周詳的陳述反映真實世界的局勢，並以務實的方法解說貿易政策及成效。

三民網路書店
www.sanmin.com.tw
書種最齊全・服務最迅速

現在加入網路書店會員　　好康多多～

憑通關密碼：B2936

首次購書即可享15%
紅利積金

1. 滿$350便利超商取書免運費
2. 平時購書享3%～6%紅利積金
3. 隨時通知新書及優惠訊息